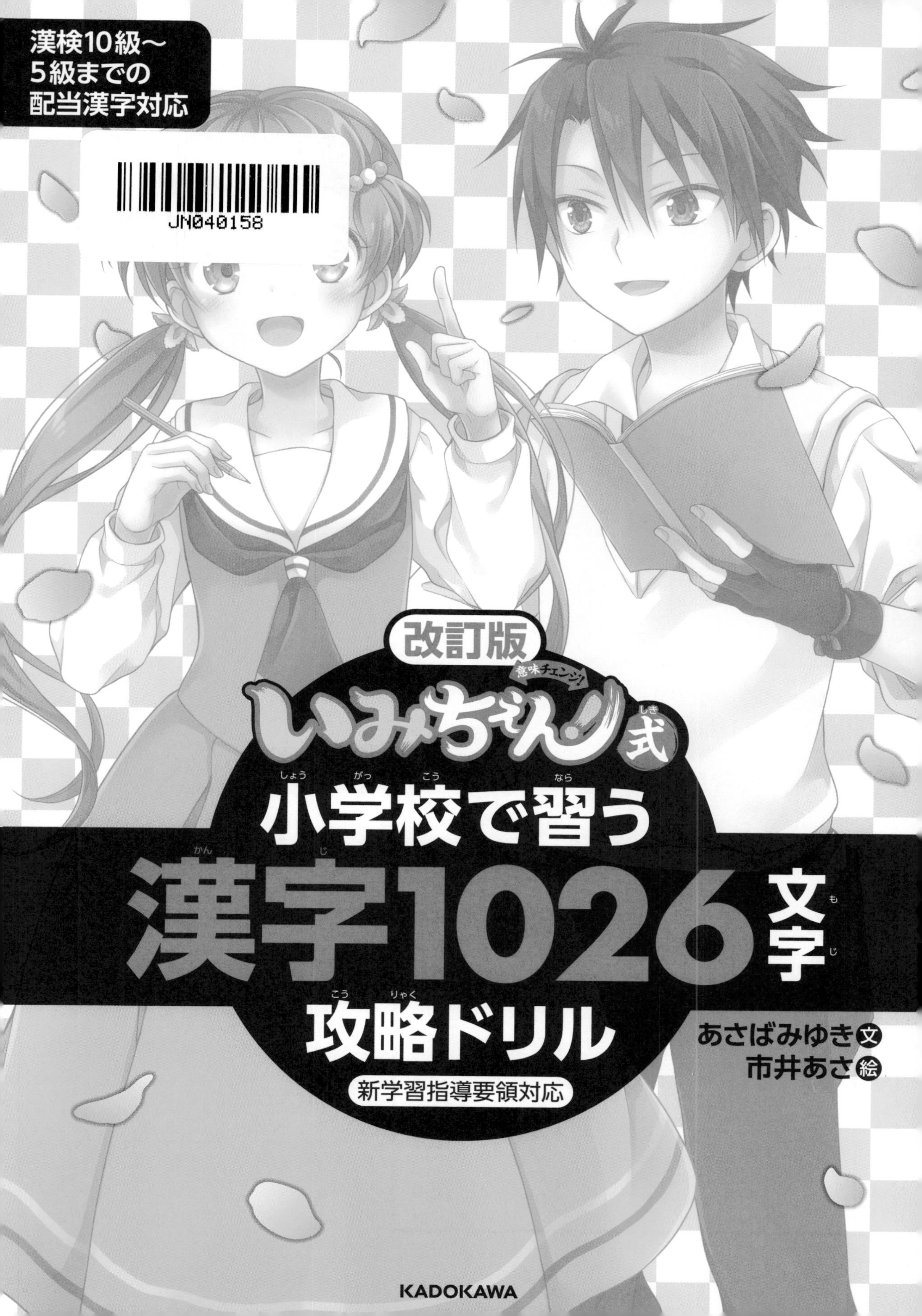

漢検10級～
5級までの
配当漢字対応

改訂版

意味チェンジ!

いみちぇん!!式《しき》 小《しょう》学《がっ》校《こう》で習《なら》う 漢《かん》字《じ》1026文《も》字《じ》 攻《こう》略《りゃく》ドリル

新学習指導要領対応

あさばみゆき 文
市井あさ 絵

KADOKAWA

いみちぇん！とは？

◆角川《かどかわ》つばさ文庫《ぶんこ》の人気《にんき》児童《じどう》小説《しょうせつ》『いみちぇん！』

主人公《しゅじんこう》は、書道《しょどう》が大好《だいす》きな小学五年生《しょうがくごねんせい》のモモ。イケメン転校生《てんこうせい》の矢神《やがみ》くんをパートナーに、言葉《ことば》の力《ちから》で世界《せかい》を守《まも》る「ミコトバヅカイ」として、漢字《かんじ》を書《か》きかえて（意味《いみ》・チェンジ＝いみちぇん！）敵《てき》のマガツ鬼《き》と戦《たたか》いながら成長《せいちょう》していくお話《はなし》。小説《しょうせつ》『いみちぇん！』（全《ぜん》19巻《かん》）は、モモたちが小学五年《しょうがくごねん》〜六年生《ろくねんせい》のお話《はなし》。中学生《ちゅうがくせい》になったモモたちのお話《はなし》『いみちぇん!!』も、単行本《たんこうぼん》で発売中《はつばいちゅう》だよ。

門外不出《もんがいふしゅつ》 ミコトバ秘伝《ひでん》の書《しょ》

ミコトバは美《うつく》しい言葉《ことば》。マガゴトは悪《わる》い言葉《ことば》。マガゴトがはびこれば、マガツ鬼《き》によってこの世《よ》は混乱《こんらん》してしまう。ミコトバヅカイである直毘家当主《なおびけとうしゅ》は、矢神家《やがみけ》と力《ちから》を合《あ》わせ、この世《よ》をマガツ鬼《き》から守《まも》る。これを先祖《せんぞ》代々《だいだい》の秘密《ひみつ》のお役目《やくめ》とする。

主《おも》な登《とう》場《じょう》人《じん》物《ぶつ》

矢《や》神《がみ》 匠《たくみ》

主《あるじ》さまをお守《まも》りする文房師《ぶんぼうし》。

パートナー

矢《や》神《がみ》五《ご》兄《きょう》弟《だい》

史《ふみ》　一《はじめ》　樹《いつき》　依《より》

パートナー

かわいいご当主《とうしゅ》さま

直《なお》毘《び》モモ

書道《しょどう》が大好《だいす》きな
地味系《じみけい》ガール。

ミコトバヅカイの
ご当主《とうしゅ》さま。

仲間《なかま》

瀬《せ》川《がわ》 類《るい》

ミコトバヅカイ。
匠《たくみ》の兄《あに》、一《はじめ》をパートナーにもつ。

気《き》になる
存在《そんざい》

藤《ふじ》原《わら》千《ち》方《かた》

中等部《ちゅうとうぶ》の王子様《おうじさま》。

真《ま》弓《ゆみ》 薫《かおる》

超美少女《ちょうびしょうじょ》の文房師《ぶんぼうし》。

パートナー

姫《ひめ》山《やま》 虎《とら》之《の》介《すけ》

同級生《どうきゅうせい》のミコトバヅカイ。

モモと矢神《やがみ》が通《かよ》う学校《がっこう》の友《とも》だち

一《いち》之《の》瀬《せ》リオ

モモの幼《おさな》なじみ。

牧《まき》野《の》みずき

モモの友《とも》だち。
書道教室《しょどうきょうしつ》も一緒《いっしょ》。

宇《う》田《だ》川《がわ》朝《あさ》子《こ》

学級委員長《がっきゅういいんちょう》。
夏海《なつみ》のことが好《す》き。

夏《なつ》海《み》陽《よう》太《た》

野球少年《やきゅうしょうねん》。
匠《たくみ》となかよし。

目《もく》次《じ》

この本《ほん》の使《つか》い方《かた》

その一《いち》

まずはお話《はなし》を読《よ》むべし！

この漢字《かんじ》ドリルのためだけに
書《か》き下《お》ろされた新《あら》たなお話《はなし》がいっぱい！

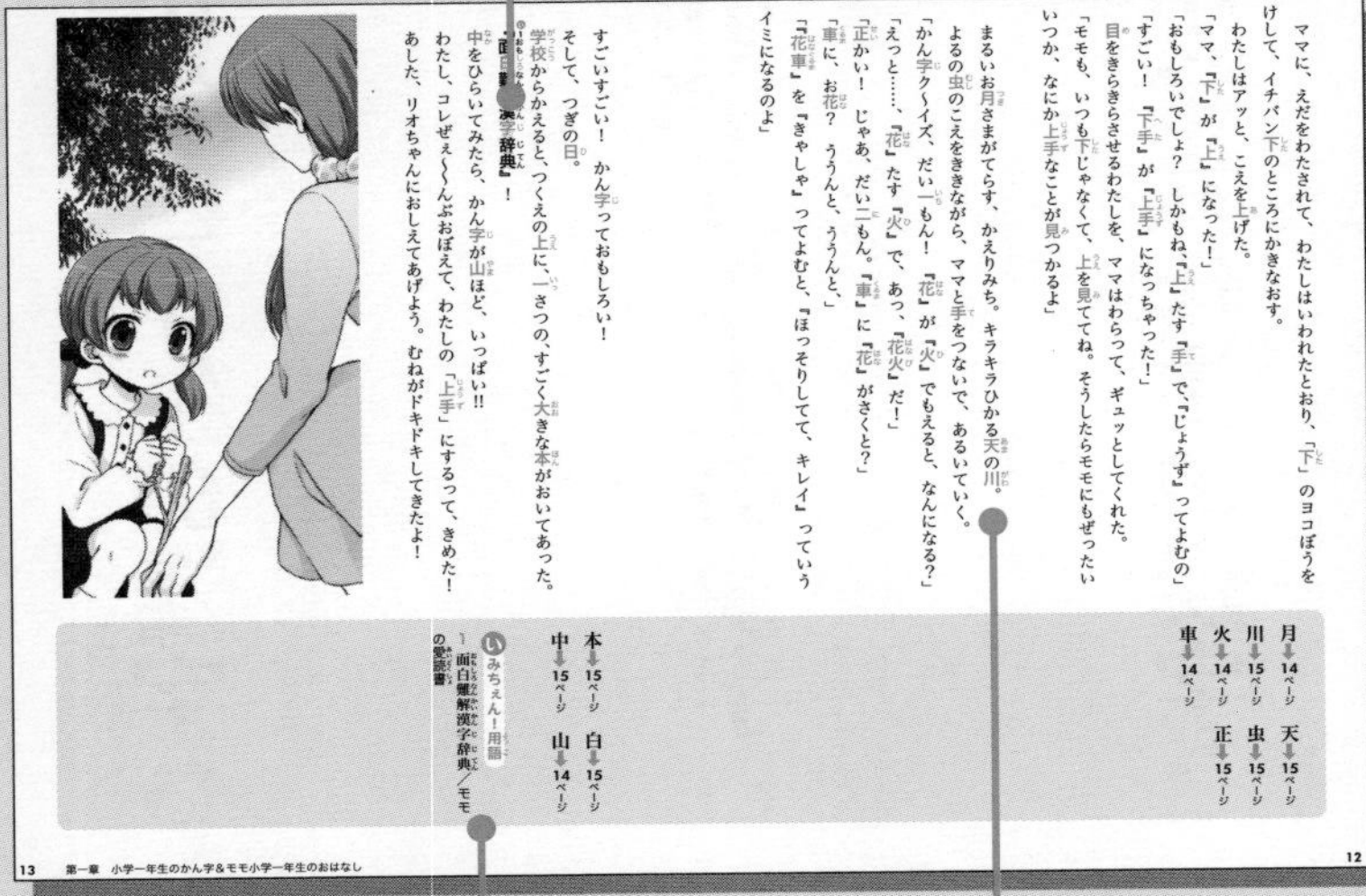
ママに、えだをわたされて、わたしはいわれたとおり、「下《した》」のヨコぼうをけして、イチバン下《した》のところにかきなおす。

わたしはアッと、こえを上《あ》げた。

「ママ、『下《した》』が『上《うえ》』になった！」

「おもしろいでしょ？　しかもね、『上《うえ》』たす『手《て》』で、『じょうず』ってよむの」

「すごい！　『下手《へた》』が『上手《じょうず》』になっちゃった！」

目《め》をきらきらさせるわたしを、ママはわらって、ギュッとしてくれた。

「モモも、いつも下《した》じゃなくて、上《うえ》を見《み》ててね。そうしたらモモにもぜったいいつか、なにか上手《じょうず》なことが見《み》つかるよ」

まるいお月《つき》さまがてらす、かえりみち。キラキラひかる天の川《あまのがわ》。

よるの虫《むし》のこえをききながら、ママと手《て》をつないで、あるいていく。

「かん字《じ》ク～イズ、だい一《いち》もん！　『花《はな》』が『火《ひ》』でもえると、なんになる？」

「えっと……、『花《はな》』たす『火《ひ》』で、あっ、『花火《はなび》』だ！」

「正《せい》かい！　じゃあ、だい二《に》もん。『車《くるま》』に『花《はな》』がさくと？」

「車《くるま》に、お花《はな》？　ううんと、ううんと、」

「『花車《はなぐるま》』を『きゃしゃ』ってよむと、『ほっそりしてて、キレイ』っていうイミになるのよ」

すごいすごい！　かん字《じ》っておもしろい！

そして、つぎの日《ひ》。

学校《がっこう》からかえると、つくえの上《うえ》に、一《いっ》さつの、すごく大《おお》きな本《ほん》がおいてあった。

『面白難解漢字辞典』[1]！

中《なか》をひらいてみたら、かん字《じ》が山《やま》ほど、いっぱい!!

わたし、コレぜぇ～んぶおぼえて、わたしの「上手《じょうず》」にするって、きめた！

あした、リオちゃんにおしえてあげよう。むねがドキドキしてきたよ！

月→14ページ　天→15ページ
川→15ページ　虫→15ページ
火→14ページ　正→15ページ
車→14ページ
本→15ページ　白→15ページ
中→15ページ　山→14ページ

いみちぇん！用語《ようご》
1 面白難解漢字辞典《おもしろなんかいかんじじてん》／モモの愛読書《あいどくしょ》

13　第一章　小学一年生のかん字＆モモ小学一年生のおはなし　12

いみちぇん！用語《ようご》は
まだ習《なら》わない漢字《かんじ》だけど
覚《おぼ》えておくと
いみちぇん！の世界《せかい》が
もっと楽《たの》しくなるよ。

各学年《かくがくねん》で
覚《おぼ》える漢字《かんじ》が
たくさん登場《とうじょう》！

その二《に》

漢字表《かんじひょう》で読《よ》み方《かた》、書《か》き順《じゅん》をチェック！

小学一年生でならうかん字

一	王	貝	休	月	口	山	字	手	小
右	音	学	玉	犬	校	子	耳	十	森
雨	火	気	金	見	左	四	七	出	人
円	花	九	空	五	三	糸	車	女	水

14

音読《おんよ》みと訓読《くんよ》みの
「▲」は中学校以上《ちゅうがっこういじょう》
で習《なら》う読《よ》み、訓読《くんよ》みの
「｜」の下《した》は送《おく》りがな
だよ。

その三《さん》 テスト編《へん》で復習《ふくしゅう》だ！

「いみちぇん！」の中《なか》で出《で》てきそうな文《ぶん》ばかりなので、漢字《かんじ》を覚《おぼ》えやすいね。

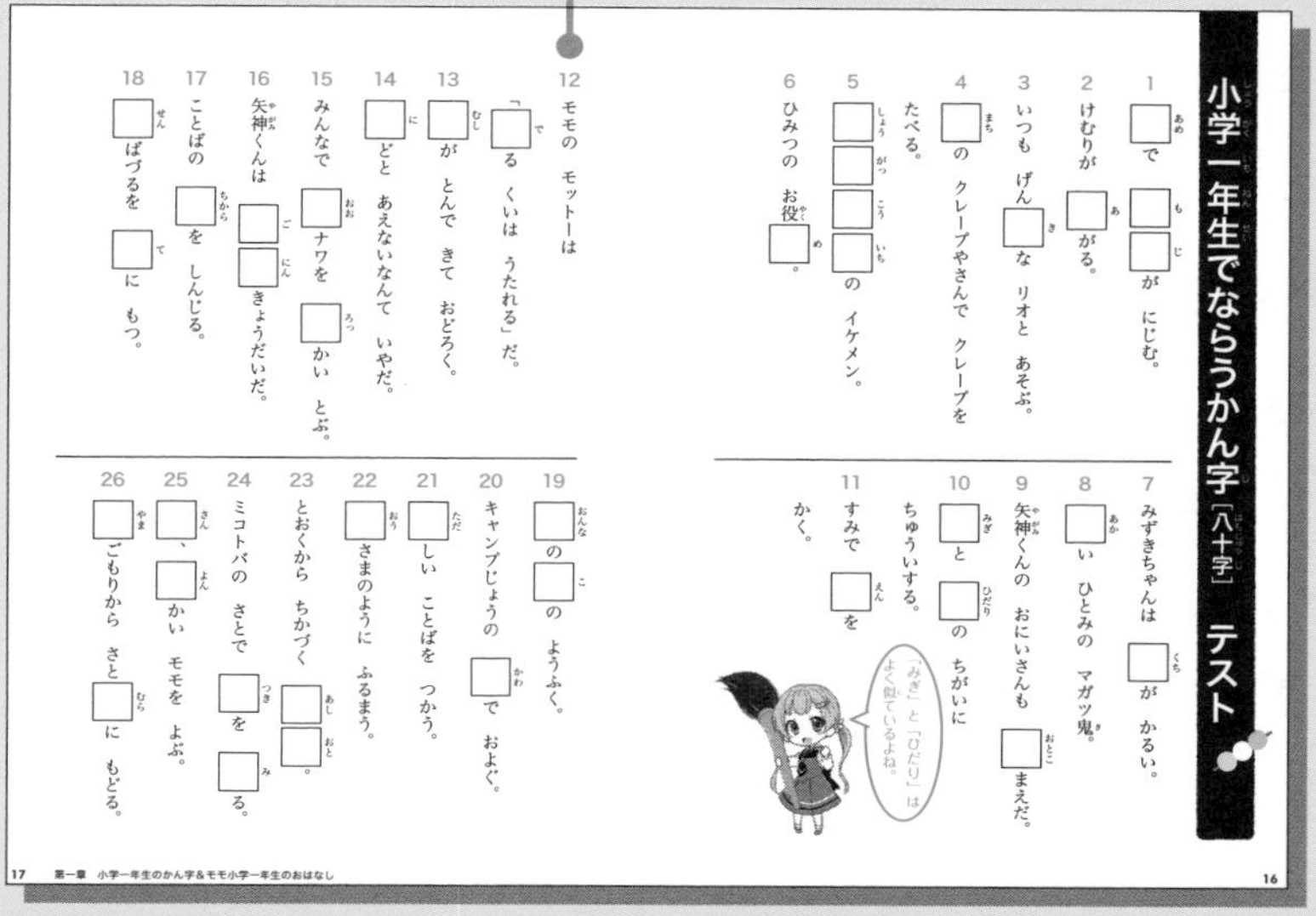

小学《しょうがく》一年生《いちねんせい》でならうかん字《じ》［八十字《はちじゅうじ》］ テスト

1 □《あめ》で □□《もじ》が にじむ。
2 けむりが □《あ》がる。
3 いつも げん□《き》な リオと あそぶ。
4 □《まち》の クレープやさんで クレープを たべる。
5 □□□□《しょうがっこう いち》の イケメン。
6 ひみつの お役《やく》□《め》。
7 みずきちゃんは □《くち》が かるい。
8 □《あか》い ひとみの マガツ鬼《き》。
9 矢神《やがみ》くんの おにいさんも □《おとこ》まえだ。
10 □《みぎ》と □《ひだり》の ちがいに ちゅういする。
11 すみで □《えん》を かく。

12 モモの モットーは 「□《で》る くいは うたれる」だ。
13 □《むし》が とんで きて おどろく。
14 □《に》どと あえないなんて いやだ。
15 みんなで □《おお》ナワを □《ろっ》かい とぶ。
16 矢神《やがみ》くんは □□《ごにん》きょうだいだ。
17 ことばの □《ちから》を しんじる。
18 □《せん》ばづるを □《て》に もつ。
19 □《おんな》の □《こ》の ようふく。
20 キャンプじょうの □《かわ》で およぐ。
21 □《ただ》しい ことばを つかう。
22 □《おう》さまのように ふるまう。
23 とおくから ちかづく □□《あしおと》。
24 ミコトバの さとで □《つき》を □《み》る。
25 □《さん》、□《よん》かい モモを よぶ。
26 □《やま》ごもりから さと□《むら》に もどる。

17 第一章 小学一年生のかん字＆モモ小学一年生のおはなし　16

その四《よん》 ゲームで漢字《かんじ》を楽《たの》しく！

漢字《かんじ》のパーツを変《か》えて、別《べつ》の意味《いみ》の漢字《かんじ》を作《つく》ろう。

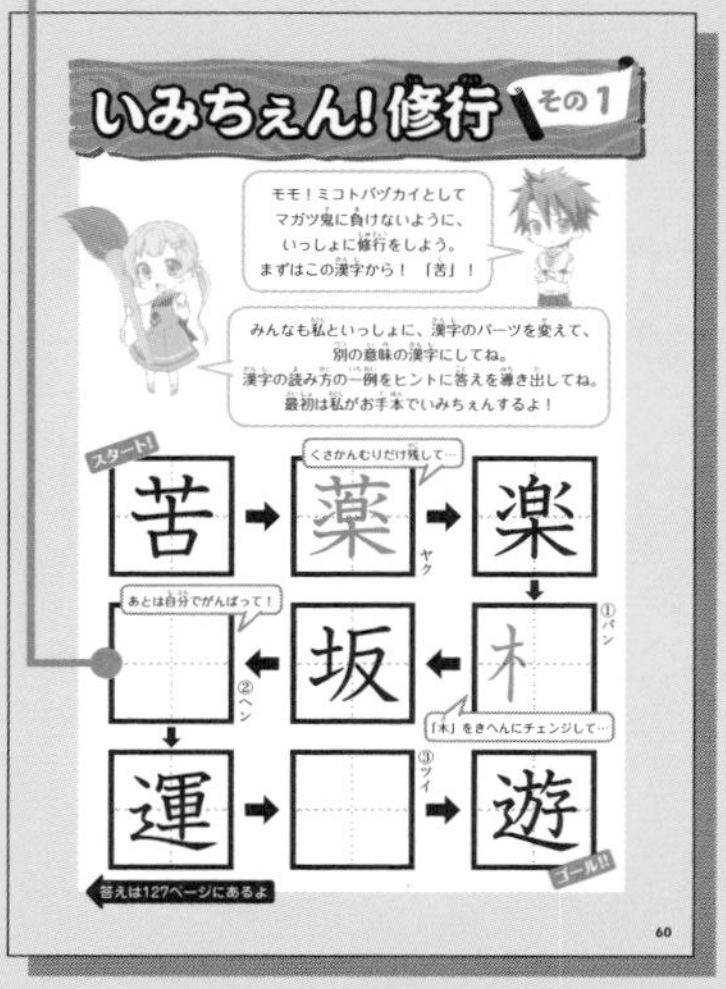

いみちぇん！修行 その1

答えは127ページにあるよ

60

さがせ！ 最高のパートナー その1

答えは127ページにあるよ

20

バラバラになった漢字《かんじ》を組《く》み合《あ》わせて、正《ただ》しい漢字《かんじ》に直《なお》そう。

この本《ほん》のルール

・本書《ほんしょ》はすべて小学校《しょうがっこう》で習《なら》う漢字《かんじ》を使用《しよう》し(「いみちぇん！用語《ようご》」をのぞく)、すべての漢字《かんじ》にふりがなをふっています。

・漢字《かんじ》の読《よ》み方《かた》については、中学校以上《ちゅうがっこういじょう》で習《なら》うもの、熟字訓《じゅくじくん》や表《ひょう》にはない読《よ》み方《かた》を採用《さいよう》している場合《ばあい》もあります。

・各章《かくしょう》ごと、その学年《がくねん》までに習《なら》わない漢字《かんじ》はひらがなにしていますが、意味《いみ》がわかりにくい語句《ごく》は漢字《かんじ》にしている場合《ばあい》もあります。

・「さがせ！最高《さいこう》のパートナー」「いみちぇん！修行《しゅぎょう》」のページは、学年《がくねん》にかかわらずすべて小学校《しょうがっこう》で習《なら》う漢字《かんじ》を使用《しよう》しています。

おうちの方《かた》へ

この本《ほん》は、小学校《しょうがっこう》で習《なら》う漢字全《かんじぜん》1026文字《もじ》を人気児童小説《にんきじどうしょうせつ》『いみちぇん！』と一緒《いっしょ》に学《まな》ぶドリルです。

学年別《がくねんべつ》に習《なら》う漢字《かんじ》を、それぞれのお話《はなし》と漢字表《かんじひょう》、漢字《かんじ》テストで学《まな》んでいきます。

『いみちぇん！』ファンはもちろん、まだ『いみちぇん！』を読《よ》んだことのないお子《こ》さまも、この本《ほん》のために書《か》き下《お》ろされたオリジナルのショートストーリーを読《よ》み進《すす》めながら学習《がくしゅう》できます。

全《ぜん》ページ、すべての漢字《かんじ》にふりがながふってあるので、小学校《しょうがっこう》1年生《ねんせい》からお子《こ》さまの習熟度《しゅうじゅくど》に合《あ》わせて、取《と》り組《く》めます。

中学生以上《ちゅうがくせいいじょう》の方《かた》の総復習《そうふくしゅう》としても活用《かつよう》できます。

第《だい》一《いっ》章《しょう》

小《しょう》学《がく》一《いち》年《ねん》生《せい》のかん字《じ》&モモ小《しょう》学《がく》一《いち》年《ねん》生《せい》のおはなし

モモ

小学一年生《しょうがくいちねんせい》

へたはじょうず？

「いーち、にーい、さーん、よーんっ！」
雨上《あめあ》がりの町《まち》のこうえんに、げん気《き》なこえがひびく。
いま、小学校《しょうがっこう》のハヤリは大《おお》ナワなんだ。
おさななじみのリオちゃんは、いちばん上手《じょうず》で百《ひゃっ》かいもとべる。
けど、学校《がっこう》がおわったあとのれんしゅうは、わたし、見学《けんがく》なの。
リオちゃんが「へたっぴが入《はい》ると、キロク出《だ》せないから」って。
びゅんびゅん音《おと》を立《た》ててまわるナワ。
まるで大《おお》きなケモノが、がちがちキバをならしてるみたい。
……ソトであそぶのなんて、つまんない。
でもおうちは、ママがおしゅう字《じ》の先生《せんせい》やってるから、あそべない。
空《そら》のまっ赤《か》な夕日《ゆうひ》が、だんだん見《み》えなくなって、まわりがくらくなっていく。
みんながかえってから、右手《みぎて》と左手《ひだりて》に、じぶんのナワを力《ちから》いっぱいにぎった。
一《いち》、二《に》、三《さん》、四《し》、五《ご》。ダメだ。すぐペチッと足《あし》がひっかかる。

一年生《いちねんせい》のかん字《じ》

雨→14ページ
町→15ページ
小→14ページ
校→14ページ
手→14ページ
見→14ページ
出→14ページ
立→15ページ
先→15ページ
上→15ページ
気→14ページ
学→14ページ
大→15ページ
百→15ページ
入→15ページ
音→14ページ
字→14ページ
生→15ページ

もう一《いっ》かい、もう一《いっ》かい。早《はや》く、みんなみたいにできるようになりたいのに。

こんどは、五《ご》、六《ろく》、七《しち》、八《はち》、九《く》、十《じゅう》、あっ、イタいっ。

一人《ひとり》でとぶのだって、リオちゃんみたいに百《ひゃっ》かいなんて、ぜったいムリ。

草《くさ》の上《うえ》で休《やす》むと、ぽたぽた、目《め》から水《みず》がこぼれてきた。

「モモ」

大人《おとな》のこえにふりむいたら、出口《でぐち》の花《か》だんのところにママが立《た》っていた。

「ママ。なんでわたし、なんにも上手《じょうず》にできないの？　なんでぜんぶへたっぴなの？　いっしょうけんめいやっても、リオちゃんみたいにできない」

ママは「あらまぁ」って、わたしのあたまをなでてから、木《き》のえだをひろった。

草《くさ》の生《は》えてない土《つち》のところで、小石《こいし》をよけて、なにか、かきはじめる。

「これ、よんでみて」

ニッとわらうママに、わたしは目《め》をパチパチまたたいた。

じめんに、ママのキレイな字《じ》でかいた、「下《した》」と「手《て》」っていう字《じ》。

「した、て？」

「そうね、『したて』もあってるけど、『へた』とも、よむのよ」

「へたっぴの、へた？」

「うん。じゃあモモ。『下《した》』の、ながいヨコぼうを、おしりのところに、うごかしてあげて」

空	夕	右	力	二	四	足	六	八	十	草	目	口	木	石
↓14ページ	↓15ページ	↓14ページ	↓15ページ	↓15ページ	↓14ページ	↓15ページ	↓15ページ	↓15ページ	↓14ページ	↓15ページ	↓15ページ	↓14ページ	↓15ページ	↓15ページ
赤	日	左	一	三	五	早	七	九	人	休	水	花	土	下
↓15ページ	↓15ページ	↓14ページ	↓14ページ	↓14ページ	↓14ページ	↓15ページ	↓14ページ	↓14ページ	↓14ページ	↓14ページ	↓14ページ	↓14ページ	↓15ページ	↓15ページ

ママに、えだをわたされて、わたしはいわれたとおり、「下《した》」のヨコぼうをけして、イチバン下《した》のところにかきなおす。

わたしはアッと、こえを上《あ》げた。

「ママ、『下《した》』が『上《うえ》』になった！」

「おもしろいでしょ？　しかもね、『上《うえ》』たす『手《て》』で、『じょうず』ってよむの」

「すごい！　『下手《へた》』が『上手《じょうず》』になっちゃった！」

目《め》をきらきらさせるわたしを、ママはわらって、ギュッとしてくれた。

「モモも、いつも下《した》じゃなくて、上《うえ》を見《み》ててね。そうしたらモモにもぜったいいつか、なにか上手《じょうず》なことが見《み》つかるよ」


まるいお月《つき》さまがてらす、かえりみち。キラキラひかる天《あま》の川《がわ》。

よるの虫《むし》のこえをききながら、ママと手《て》をつないで、あるいていく。

「かん字《じ》ク～イズ、だい一《いち》もん！　『花《はな》』が『火《ひ》』でもえると、なんになる？」

「えっと……、『花《はな》』たす『火《ひ》』で、あっ、『花火《はなび》』だ！」

「正《せい》かい！　じゃあ、だい二《に》もん。『車《くるま》』に『花《はな》』がさくと？」

「車《くるま》に、お花《はな》？　ううんと、ううんと、」

「『花車《はなぐるま》』を『きゃしゃ』ってよむと、『ほっそりしてて、キレイ』っていうイミになるのよ」

月→14ページ
川→15ページ
火→14ページ
車→14ページ
天→15ページ
虫→15ページ
正→15ページ

すごいすごい！　かん字《じ》っておもしろい！

そして、つぎの日《ひ》。

学校《がっこう》からかえると、つくえの上《うえ》に、一《いっ》さつの、すごく大《おお》きな本《ほん》がおいてあった。

[い1]『面白難解漢字辞典《おもしろなんかいかんじじてん》』！

中《なか》をひらいてみたら、かん字《じ》が山《やま》ほど、いっぱい!!

わたし、コレぜぇ〜〜んぶおぼえて、わたしの「上手《じょうず》」にするって、きめた！

あした、リオちゃんにおしえてあげよう。むねがドキドキしてきたよ！

本→15ページ　白→15ページ

中→15ページ　山→14ページ

いみちぇん！用語《ようご》

1 面白難解漢字辞典《おもしろなんかいかんじじてん》／モモの愛読書《あいどくしょ》

小《しょう》学《がく》一《いち》年《ねん》生《せい》でならうかん字《じ》

かん字	おん	くん	書き順
一	イチ・イツ	ひと・ひと−つ	一
王	オウ	—	一丅干王
貝	—	かい	丨冂冃冃目貝貝
休	キュウ	やす−む・やす−まる・やす−める	ノイ仁什休休
月	ゲツ・ガツ	つき	丿刀月月
口	コウ・ク	くち	丨冂口
山	サン	やま	丨山山
字	ジ	▲あざ	丶丶宀宀宇字
手	シュ	て・▲た	一二三手
小	ショウ	ちい−さい・こ・お	亅小小
右	ウ・ユウ	みぎ	ノナオ右右
音	オン・▲イン	おと・ね	丶亠亠立立产音音音
学	ガク	まな−ぶ	丶丶⺍⺍⺍学学学
玉	ギョク	たま	一丅干王玉
犬	ケン	いぬ	一ナ大犬
校	コウ	—	一十才木杧杧杧校校
子	シ・ス	こ	了了子
耳	▲ジ	みみ	一丅下下巨耳
十	ジュウ・ジッ	とお・と	一十
森	シン	もり	一十才木本本森森森森森森
雨	ウ	あめ・あま	一厂币币币雨雨雨
火	カ	ひ・▲ほ	丶丷少火
気	キ・ケ	—	ノ𠂉气气気気
金	キン・コン	かね・かな	ノ人𠆢今全余金金
見	ケン	み−る・み−える・み−せる	丨冂冃冃目見見
左	サ	ひだり	一ナ左左左
四	シ	よ・よ−つ・よっ−つ・よん	丨冂冂四四
七	シチ	なな・なな−つ・なの	一七
出	シュツ・▲スイ	で−る・だ−す	丨屮屮出出
人	ジン・ニン	ひと	ノ人
円	エン	まる−い	丨冂冂円
花	カ	はな	一十艹艹芥花花
九	キュウ・ク	ここの・ここの−つ	ノ九
空	クウ	そら・あ−く・あ−ける・から	丶丶宀宀穴空空空
五	ゴ	いつ・いつ−つ	一丅五五
三	サン	み・み−つ・みっ−つ	一二三
糸	シ	いと	𠃋幺幺糸糸糸
車	シャ	くるま	一厂冂百百亘車
女	ジョ・▲ニョ・▲ニョウ	おんな・▲め	く女女
水	スイ	みず	亅才水水

正
おん セイ・ショウ
くん ただ―しい・ただ―す・まさ
一 丅 下 𤴓 正

赤
おん セキ・▲シャク
くん あか・あか―い・あか―らむ・あか―らめる
一 十 土 𡈼 赤 赤 赤

早
おん ソウ・▲サッ
くん はや―い・はや―まる・はや―める
丨 口 日 日 旦 早

大
おん ダイ・タイ
くん おお・おお―きい・おお―いに
一 ナ 大

虫
おん チュウ
くん むし
丨 口 口 中 虫 虫

土
おん ド・ト
くん つち
一 十 土

年
おん ネン
くん とし
丿 𠂉 𠂉 午 生 年

文
おん ブン・モン
くん ▲ふみ
丶 亠 ナ 文

目
おん モク・▲ボク
くん め・▲ま
丨 冂 月 月 目

六
おん ロク
くん む・む―つ・むっ―つ・むい
丶 亠 亣 六

下
おん カ・ゲ
くん した・しも・▲もと・さ―げる・さ―がる・くだ―る・くだ―す・くだ―さる・お―ろす・お―りる
一 丅 下

青
おん セイ・▲ショウ
くん あお・あお―い
一 十 キ 主 龶 青 青 青

千
おん セン
くん ち
丿 二 千

草
おん ソウ
くん くさ
一 十 艹 艹 苩 苩 荁 荁 草

男
おん ダン・ナン
くん おとこ
丨 口 日 田 田 男 男

町
おん チョウ
くん まち
丨 口 日 田 田 田 町

二
おん ニ
くん ふた・ふた―つ
一 二

白
おん ハク・▲ビャク
くん しろ・しら・しろ―い
丿 亻 白 白 白

木
おん ボク・モク
くん き・こ
一 十 才 木

立
おん リツ・▲リュウ
くん た―つ・た―てる
丶 亠 亠 立 立

夕
おん ▲セキ
くん ゆう
丿 ク 夕

川
おん ▲セン
くん かわ
丿 川 川

足
おん ソク
くん あし・た―りる・た―る・た―す
丨 口 口 口 早 足 足

竹
おん チク
くん たけ
丿 𠂉 𠂉 𠂉 竹 竹

天
おん テン
くん ▲あめ・あま
一 二 チ 天

日
おん ニチ・ジツ
くん ひ・か
丨 冂 日 日

八
おん ハチ
くん や・や―つ・やっ―つ・よう
丿 八

本
おん ホン
くん もと
一 十 才 木 本

力
おん リョク・リキ
くん ちから
フ 力

石
おん セキ・シャク・▲コク
くん いし
一 ア 不 石 石

先
おん セン
くん さき
丿 𠂉 牛 生 先 先

村
おん ソン
くん むら
一 十 才 木 木 村 村

中
おん チュウ・ジュウ
くん なか
丨 口 口 中

田
おん デン
くん た
丨 冂 冂 田 田

入
おん ニュウ
くん い―る・い―れる・はい―る
丿 入

百
おん ヒャク
くん ―
一 ア 丆 百 百 百

名
おん メイ・ミョウ
くん な
丿 ク タ 夕 名 名

林
おん リン
くん はやし
一 十 才 木 村 村 村 林

上
おん ジョウ・▲ショウ
くん うえ・うわ・かみ・あ―げる・あ―がる・のぼ―る・▲のぼ―せる・▲のぼ―す
丨 卜 上

生
おん セイ・ショウ
くん い―きる・い―かす・い―ける・う―まれる・う―む・▲お―う・は―える・は―やす・▲き・なま
丿 𠂉 牛 生 生

小《しょう》学《がく》一《いち》年《ねん》生《せい》でならうかん字《じ》［八十字《はちじゅうじ》］テスト

1 □《あめ》で　□《も》□《じ》が　にじむ。

2 けむりが　□《あ》がる。

3 いつも　げん□《き》な　リオと　あそぶ。

4 □《まち》の　クレープやさんで　クレープを　たべる。

5 □《しょう》□《がっ》□《こう》□《いち》の　イケメン。

6 ひみつの　お役《やく》□《め》。

---

7 みずきちゃんは　□《くち》が　かるい。

8 □《あか》い　ひとみの　マガツ鬼《き》。

9 矢神《やがみ》くんの　おにいさんも　□《おとこ》まえだ。

10 □《みぎ》と　□《ひだり》の　ちがいに　ちゅういする。

11 すみで　□《えん》を　かく。

12 モモの モットーは 「□《で》る くいは うたれる」だ。

13 □《むし》が とんで きて おどろく。

14 □《に》どと あえないなんて いやだ。

15 みんなで □《おお》ナワを □《ろっ》かい とぶ。

16 矢神《やがみ》くんは □《ご》□《にん》きょうだいだ。

17 ことばの □《ちから》を しんじる。

18 □《せん》ばづるを □《て》に もつ。

---

19 □《おんな》の □《こ》の ようふく。

20 キャンプじょうの □《かわ》で およぐ。

21 □《ただ》しい ことばを つかう。

22 □《おう》さまのように ふるまう。

23 とおくから ちかづく □《あし》□《おと》。

24 ミコトバの さとで □《つき》を □《み》る。

25 □《さん》、□《よん》かい モモを よぶ。

26 □《やま》ごもりから さと□《むら》に もどる。

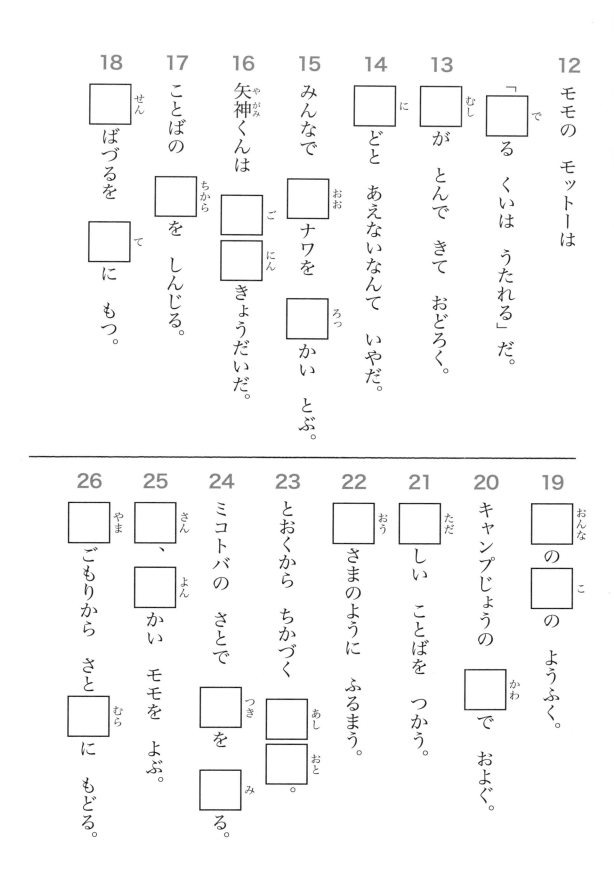

27 だれも　いなく　なった　□《そう》げん。

28 ママは　しゅう字《じ》の　□《せん》□《せい》だ。

29 主《あるじ》さまに　ちかいを　□《た》てる。

30 □《やす》みながら　マガツ鬼《き》と　たたかう。

31 依《より》と　樹《いつき》は　おなじ　□《ねん》れいだ。

32 □《そら》の　□《ゆう》□《ひ》。

33 □《もり》の　□《いし》だんは　□《きゅう》□《じゅう》だん　ある。

34 □《いぬ》に　なった　マガツ鬼《き》。

35 まつ　□《ひゃく》パーセントで　できた　すみ。

36 あやしい　□《はやし》で　リオを　とりもどす。

37 モモが　□《いと》を　たぐりよせる。

38 依《より》は　□《き》のぼりが　とくいだ。

39 うさぎの　マガツ鬼《き》が　□《つち》に　なる。

40 夏海《なつみ》の　□《した》の　□《な》まえは　陽太《ようた》。

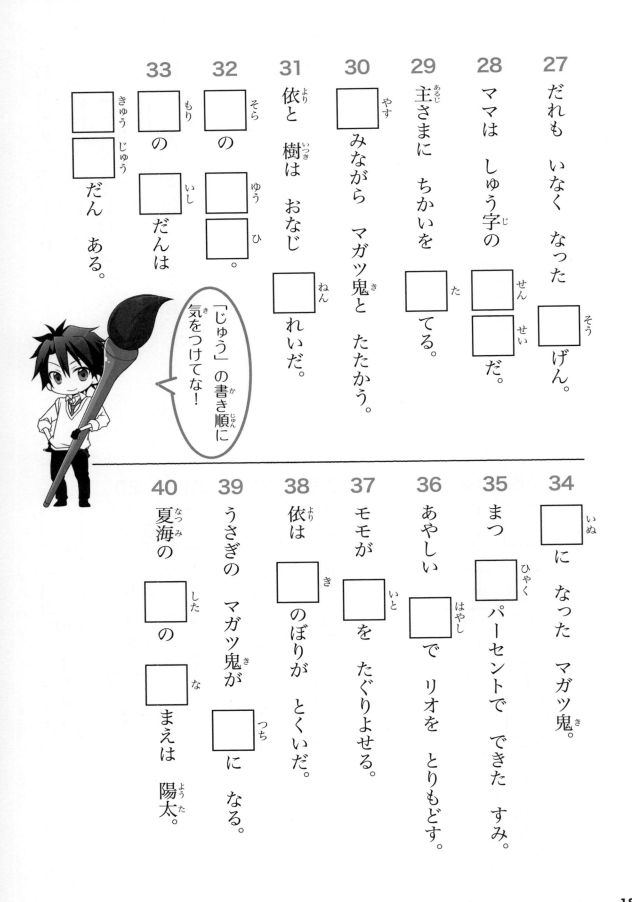

41 あの子《こ》は　うらないの　□《ほん》を　□《なな》さつも　よむ。

42 主《あるじ》さまの　ことばに　□《みみ》を　かたむける。

43 二人《ふたり》が　□《ひ》□《ばな》を　ちらす。

44 クラスでは　□《かい》のように　だまる。

45 □《あお》□《じろ》い　かおに　なった　リオ。

46 □《くるま》の　□《なか》で　ねむりに　□《はい》る。

47 □《みず》が　ながれるような　ふでづかい。

---

48 □《たけ》で　できた　ふで。

49 □《てん》じょうが　ひくい。

50 □《はっ》ぽうびじんと　いわれる。

51 宇《う》田《だ》川《がわ》さんの　ひとみが　□《きん》いろに　かがやく。

52 □《たま》という字《じ》の　てんを　かく。

53 □《た》んぼが　おおい　ふるさと。

54 □《はや》く　矢《や》神《がみ》くんに　あいたい。

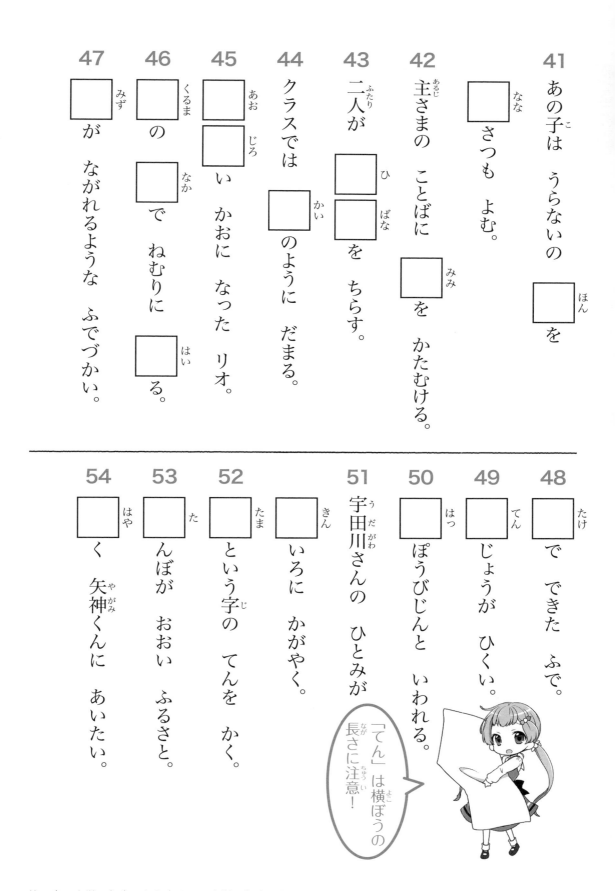

「てん」は横《よこ》ぼうの長《なが》さに注意《ちゅうい》！

さがせ！ 最《さい》高《こう》の パートナー その1

みんなが習《なら》った漢字《かんじ》を
マガツ鬼《き》がバラバラにしちゃった！
私《わたし》にとっての矢神《やがみ》くんのように
それぞれの漢字《かんじ》の
パートナーを見《み》つけてね。

寸　丁　工　化　力

穴　田　艹　田　木

パートナーを
見《み》つけた漢字《かんじ》を
書《か》こう！

答《こた》えは127ページにあるよ

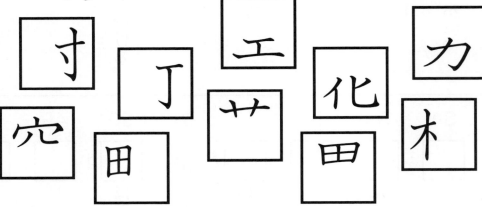

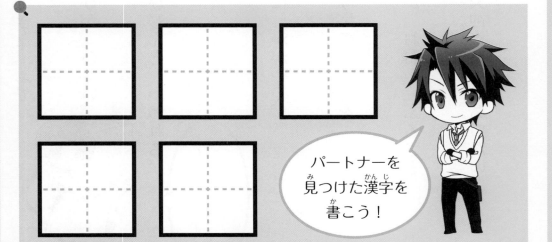

漢《かん》検《けん》9級《きゅう》レベル

第《だい》二《に》章《しょう》

小《しょう》学《がく》二《に》年《ねん》生《せい》のかん字《じ》&矢《や》神《がみ》小《しょう》学《がく》二《に》年《ねん》生《せい》のお話《はなし》

矢神《やがみ》 小学二年生《しょうがくにねんせい》

「雪《ゆき》」を「雲《くも》」に!? 主《あるじ》さまのふしぎな力《ちから》

おれは首《くび》をうなだれて、細《ほそ》い山道《さんどう》を、一人《ひとり》で歩《ある》いて帰《かえ》る。

いそいでヒミツきちに走《はし》って行《い》ったのに、もう、だれもいなかった。

また友《とも》だちとあそべなかった。[い2]**修行**《しゅぎょう》のせいだ。

おれの家《いえ》、[い3]**矢神家**《やがみけ》は、古《ふる》くから「[い4]**文房師**《ぶんぼうし》」っていうシゴトをやってる。

[い4]**文房師**《ぶんぼうし》が作《つく》る書道《しょどう》の道具《どうぐ》――「[い5]**文房四宝**《ぶんぼうしほう》」ってよばれる、[い6]**筆**《ふで》・[い7]**墨**《すみ》・[い8]**硯**《すずり》・[い9]**紙**《かみ》は、店《みせ》に売《う》ったり、トクベツなのは「[い10]**主さま**《あるじ》」が[い11]**鬼**《おに》とたたかうためのブキになる。

でも……、「[い10]**主さま**《あるじ》」は、もう三百年《さんびゃくねん》も見《み》つかってない。

なら、[い4]**文房師**《ぶんぼうし》もやめればいいのに。そしたらおれも、あそぶ時間《じかん》ができる。

ふみつけた木《き》のえだが、ぱきっと音《おと》を立《た》てておれた。

目《め》を上《あ》げたら、山道《さんどう》の下《した》のほうで、知《し》ってる顔《かお》が手《て》をふっていた。

「ハジメ兄《にい》!」

高校一年生《こうこういちねんせい》の兄《にい》ちゃんが、でかいリュックをしょって、こっちにやってくる。

二年生《にねんせい》のかん字《じ》

首→27ページ
細→27ページ
道→28ページ
歩→29ページ
帰→26ページ
走→28ページ
行→27ページ
友→29ページ
家→26ページ
矢→27ページ
古→26ページ
作→27ページ
書→27ページ
紙→27ページ
店→28ページ
売→28ページ
時→27ページ
間→26ページ

「よう、匠《たくみ》。キャンプしようぜ、キャンプ」

おれは目《め》をしばたたいて、ハジメ兄《にい》の、いたずらっぽいワラい顔《がお》を見《み》上《あ》げた。


山道《さんどう》のとちゅうの野原《のはら》に、二人《ふたり》でテントを立《た》てた。

「なぁ、ハジメ兄《にい》。おれたちホントに『主《あるじ》さま』に会《あ》えるのかなぁ」

まん丸《まる》の肉《にく》むすびを食《た》べながら言《い》うと、ハジメ兄《にい》もためいきをついた。

「……どうだろうなぁ。親《おや》だって会《あ》ったことないしな。でもな、匠《たくみ》。おれ一《いっ》回《かい》でいいから、主《あるじ》さまが『ミコトバの術《じゅつ》』をつかうトコ、見《み》てみたいんだよ」

「ミコトバの、術《じゅつ》？」

おれが聞《き》きかえすと、ハジメ兄《にい》は「しまった」って、あわててコトバを止《と》めた。

「まてよ。なんだよソレ」

「ホントは文房師《ぶんぼうし》になるまでヒミツなんだよ。まぁ、匠《たくみ》は修行《しゅぎょう》がんばってるしな。正直《しょうじき》に教《おし》えてやるけど、ほかのヤツらにはナイショな？」

ひみつの話《はなし》!? おれはわくわくしながら、ハジメ兄《にい》に顔《かお》を近《ちか》づける。

「匠《たくみ》は、主《あるじ》さま……コトバのチカラをあやつるミコトバヅカイが、どうやって鬼《おに》とたたかうか分《わ》かるか？ じつはな。文房師《ぶんぼうし》が作《つく》った札《ふだ》に、主《あるじ》さまが筆《ふで》で、かん字《じ》を書《か》くんだよ。そして、その札《ふだ》でたたかうんだ」

「――札《ふだ》で？ 紙一《かみいち》まいで、どうやって？」

知	28ページ
兄	26ページ
野	29ページ
会	26ページ
肉	28ページ
言	26ページ
回	26ページ
止	27ページ
教	26ページ
近	26ページ
顔	29ページ
高	27ページ
原	26ページ
丸	26ページ
食	27ページ
親	29ページ
聞	29ページ
直	28ページ
話	29ページ
分	29ページ

おれが考《かんが》えてたバトルって、墨《すみ》で目《め》つぶししたりとか、そういうのだった。

「そうだなぁ。たとえばさ、鬼《おに》が、ざんざん雪《ゆき》をふらせてコウゲキしてきたとする。そしたら主《あるじ》さまは、『雪《ゆき》』のかん字《じ》のパーツをつかった、『雲《くも》』って字《じ》を、札《ふだ》に書《か》く。するとフシギなことに、本当《ほんとう》に雪《ゆき》が、雲《くも》にかわるんだ！」

「す、すげぇっ。そんなのできたら、まほうみたいじゃん！」

それホントの話《はなし》なのか？　でも、ハジメ兄《にい》の目《め》はシンケンだ。

じゃあ、主《あるじ》さまって、ミコトバヅカイって、まほうつかいなんだ！

その主《あるじ》さまがつかう道具《どうぐ》。それが、おれたちが作《つく》る文房四宝《ぶんぼうしほう》！

心《しん》ぞうがドキドキしてきて、おれは、まともにイキもできなくなってしまった。

ハジメ兄《にい》がなにか思《おも》いついたように、楽《たの》しげにニヤッとわらう。

「母《かあ》さんがうるさいときはさ、主《あるじ》さまに、『水《みず》』足《た》す『母《はは》』の札《ふだ》を書《か》いてもらおう」

「なんだよ、それ」

「『水母《みずはは》』で、『水母《くらげ》』だよ。術《じゅつ》が切《き》れるまで、母《かあ》さんクラゲになっちまう」

「ひでぇ。そしたら、ハジメ兄《にい》のコトは、何《なに》に書《か》きかえる？」

「『一兄《ハジメにい》』は……。じゃあ、『兄《あに》』を『光《ひかり》』にして、じゅん番《ばん》をひっくりかえしてみな」

おれは首《くび》をかたむけて考《かんが》える。

「『光一《こういち》』？」

考	雲	心	楽	切	光	答	声	明	夏	夜	星	遠	晴
27ページ	26ページ	27ページ	29ページ	28ページ	27ページ	28ページ	27ページ	29ページ	26ページ	29ページ	27ページ	29ページ	28ページ
雪	当	思	母	何	番	弟	点	里	広	同	今	強	風
28ページ	28ページ	27ページ	29ページ	26ページ	28ページ	28ページ	28ページ	29ページ	27ページ	28ページ	27ページ	26ページ	29ページ

「ちがう、『光一《ぴかいち》』！」

ハジメ兄《にい》の答《こた》えに、兄弟《きょうだい》そろってハハッと声《こえ》をあげてワラった。

ハラもいっぱいになったし、なんだかムネまでいっぱいだ。

おれは高《たか》い木《き》にのぼり、点《てん》てんと明《あ》かりのともる里《さと》を、夏《なつ》の広《ひろ》い夜空《よぞら》を見回《みまわ》す。

同《おな》じ星空《ほしぞら》の下《した》、今《いま》、きっとどこかに主《あるじ》さまがいる。

「まってろよ、主《あるじ》さま！　おれ、サイコーの文房師《ぶんぼうし》になるからな！」

おれは遠《とお》い空《そら》に、強《つよ》く晴《は》れやかな声《こえ》でさけんだ。

どこかにいる主《あるじ》さままで、風《かぜ》にのってとどくように。

いみちぇん！用語《ようご》

2 修行《しゅぎょう》／文房師《ぶんぼうし》としての技術《ぎじゅつ》を身《み》につけ、努力《どりょく》すること。
3 矢神《やがみ》／「ゆみや」の「矢《や》」に「かみさま」の「神《かみ》」で矢神《やがみ》くんの名字《みょうじ》だよ。
4 文房師《ぶんぼうし》／主《あるじ》さまの道具《どうぐ》を用意《ようい》する職人《しょくにん》のこと。
5 文房四宝《ぶんぼうしほう》　6 筆《ふで》　7 墨《すみ》　8 硯《すずり》　9 紙《かみ》　14 札《ふだ》／文房師《ぶんぼうし》が用意《ようい》する道具《どうぐ》。
10 主《あるじ》さま／ミコトバヅカイの当主《とうしゅ》のこと。
11 鬼《おに》／「マガツ鬼《き》」のこと。モモたちがたたかう相手《あいて》。
12 匠《たくみ》／矢神《やがみ》くんの名前《なまえ》。技術《ぎじゅつ》にすぐれた人《ひと》という意味《いみ》があるよ。
13 ミコトバの術《じゅつ》／マガツ鬼《き》をたおすためにミコトバヅカイが使《つか》う術《じゅつ》。

小《しょう》学《がく》二《に》年《ねん》生《せい》でならうかん字《じ》

かん字	おん	くん	書き順
引	イン	ひ-く・ひ-ける	㇆ コ 弓 引
科	カ	—	ノ 二 千 禾 禾 禾 禾 科 科
回	カイ・▲エ	まわ-る・まわ-す	丨 冂 冂 冋 回 回
外	ガイ・▲ゲ	そと・ほか・はず-す・はず-れる	ノ ク タ 外 外
丸	ガン	まる・まる-い・まる-める	ノ 九 丸
帰	キ	かえ-る・かえ-す	丨 リ 刂 刂 帰 帰 帰 帰 帰 帰
京	キョウ・▲ケイ	—	丶 亠 亠 古 古 古 京 京
兄	▲ケイ・キョウ	あに	丨 口 口 尸 兄
言	ゲン・ゴン	い-う・こと	丶 亠 亠 亠 言 言 言
午	ゴ	—	ノ 𠂉 二 午

かん字	おん	くん	書き順
羽	▲ウ	は・はね	丁 习 习 羽 羽 羽
夏	カ・▲ゲ	なつ	一 丆 丆 而 百 百 百 頁 夏 夏
会	カイ・▲エ	あ-う	ノ 人 亼 亼 会 会
角	カク	かど・つの	ノ ク 𠂊 角 角 角 角
岩	ガン	いわ	丨 山 山 屵 岩 岩 岩 岩
弓	▲キュウ	ゆみ	㇆ コ 弓
強	キョウ・▲ゴウ	つよ-い・つよ-まる・つよ-める・▲し-いる	㇆ コ 弓 弘 弘 弘 弘 弘 弘 強 強
形	ケイ・ギョウ	かた・かたち	一 二 于 开 开 开 形 形
原	ゲン	はら	一 厂 厂 厂 厂 原 原 原 原 原
後	ゴ・コウ	のち・うし-ろ・あと・▲おく-れる	ノ 彳 彳 彳 彳 彳 彳 後 後

かん字	おん	くん	書き順
雲	ウン	くも	一 二 丙 丙 雨 雨 雨 雨 雲 雲 雲 雲
家	カ・ケ	いえ・や	丶 丶 宀 宀 宀 宇 宇 宇 家 家
海	カイ	うみ	丶 丶 氵 氵 氵 氵 海 海 海
活	カツ	—	丶 丶 氵 氵 汗 汗 活 活 活
汽	キ	—	丶 丶 氵 氵 氵 汽 汽
牛	ギュウ	うし	ノ 𠂉 二 牛
教	キョウ	おし-える・おそ-わる	一 十 土 耂 耂 孝 孝 孝 孝 教 教
計	ケイ	はか-る・はか-らう	丶 亠 亠 亠 言 言 言 計 計
戸	コ	と	一 ㇆ ヨ 戸
工	コウ・ク	—	一 丅 工

かん字	おん	くん	書き順
何	▲カ	なに・なん	ノ イ 仁 仁 何 何 何
画	ガ・カク	—	一 丆 丙 而 画 画 画 画
絵	カイ・エ	—	𠃋 幺 幺 糸 糸 糸 紒 絵 絵 絵 絵 絵
間	カン・ケン	あいだ・ま	丨 ㇆ ㇆ 門 門 門 門 門 間 間 間 間
記	キ	しる-す	丶 亠 亠 亠 言 言 言 訁 記 記
魚	ギョ	うお・さかな	ノ ク ク 角 角 角 角 魚 魚 魚 魚
近	キン	ちか-い	ノ 厂 斤 斤 近 近 近
元	ゲン・ガン	もと	一 二 テ 元
古	コ	ふる-い・ふる-す	一 十 十 古 古
公	コウ	▲おおやけ	ノ 八 公 公

広	行	谷	才	止	思	時	首	書	食	数
おん コウ くん ひろ-い・ひろ-まる・ひろ-める・ひろ-がる・ひろ-げる	おん コウ・ギョウ・▲アン くん い-く・ゆ-く・おこな-う	おん ▲コク くん たに	おん サイ くん ―	おん シ くん と-まる・と-める	おん シ くん おも-う	おん ジ くん とき	おん シュ くん くび	おん ショ くん か-く	おん ショク・▲ジキ くん く-う・▲く-らう・た-べる	おん スウ・▲ス くん かず・かぞ-える
丶亠广広広	ノ彳彳彳行行	ノハ父父谷谷谷	一十才	丨卜止止	丨冂冂田田田思思思	丨冂日日日日時時時時	丶丷丷䒑丷产首首首	𠃍ヨヨ聿聿聿書書書	ノ人人今今今食食食	丶丷米米米娄娄娄数数数

交	高	国	細	市	紙	室	秋	少	心	西
おん コウ くん まじ-わる・まじ-える・まじ-る・ま-ざる・ま-ぜる・▲か-う・▲か-わす	おん コウ くん たか-い・たか・たか-まる・たか-める	おん コク くん くに	おん サイ くん ほそ-い・ほそ-る・こま-か・こま-かい	おん シ くん いち	おん シ くん かみ	おん シツ くん ▲むろ	おん シュウ くん あき	おん ショウ くん すく-ない・すこ-し	おん シン くん こころ	おん セイ・サイ くん にし
丶亠六交交	丶亠亠亠亠高高高高高	丨冂冂冂国国国国	幺幺幺糸糸糸細細細細細	丶亠亠亠市	幺幺幺糸糸糸紙紙紙紙	丶丷宀宀宀宀室室室	ノ二千禾禾禾秋秋秋	丨小小少	丶心心心	一一冂丙西西

光	黄	黒	作	矢	寺	社	週	場	新	声
おん コウ くん ひか-る・ひかり	おん ▲コウ・オウ くん き・▲こ	おん コク くん くろ・くろ-い	おん サク・サ くん つく-る	おん ▲シ くん や	おん ジ くん てら	おん シャ くん やしろ	おん シュウ くん ―	おん ジョウ くん ば	おん シン くん あたら-しい・あら-た・にい	おん セイ・▲ショウ くん こえ・▲こわ
丨丷业光光	一十廾廾黄黄黄黄黄黄黄	丨冂冂甲甲里里黒黒黒黒	ノ亻亻作作作作	ノ𠂉二矢矢	一十土寺寺寺	丶ラネネ社社社	丨冂月月周周周周週週週	一十土場場場場場場場場場	丶亠亠立立辛辛辛新新新新新	一十士声声声声

考	合	今	算	姉	自	弱	春	色	図	星
おん コウ くん かんが-える	おん ゴウ・ガッ・カッ くん あ-う・あ-わす・あ-わせる	おん コン・▲キン くん いま	おん サン くん ―	おん ▲シ くん あね	おん ジ・シ くん みずか-ら	おん ジャク くん よわ-い・よわ-る・よわ-まる・よわ-める	おん シュン くん はる	おん ショク・シキ くん いろ	おん ズ・ト くん ▲はか-る	おん セイ・▲ショウ くん ほし
一十土耂考考	ノ人合合合合	ノ人今今	ノ⺊⺮⺮竹竹笪笪笪算算算算	女女女女姉姉姉姉	ノ亻白自自自	𠃍弓弓弓弓弓弱弱弱弱	一二三夫夫夫春春春	ノ𠂊⺈色色色	丨冂冂冈図図図	丨冂日日旦旦星星星

漢字	おん	くん
晴	セイ	は—れる・は—らす
線	セン	—
多	タ	おお—い
地	チ・ジ	—
昼	チュウ	ひる
直	チョク・ジキ	ただ—ちに・なお—す・なお—る
点	テン	—
当	トウ	あ—たる・あ—てる
道	ドウ・▲トウ	みち
肉	ニク	—
麦	▲バク	むぎ
切	セツ・▲サイ	き—る・き—れる
前	ゼン	まえ
太	タイ・タ	ふと—い・ふと—る
池	チ	いけ
長	チョウ	なが—い
通	ツウ・▲ツ	とお—る・とお—す・かよ—う
電	デン	—
東	トウ	ひがし
読	ドク・トク・トウ	よ—む
馬	バ	うま・ま
半	ハン	なか—ば
雪	セツ	ゆき
組	ソ	く—む・くみ
体	タイ・▲テイ	からだ
知	チ	し—る
鳥	チョウ	とり
弟	▲テイ・ダイ・▲デ	おとうと
刀	トウ	かたな
答	トウ	こた—える・こた—え
内	ナイ・▲ダイ	うち
売	バイ	う—る・う—れる
番	バン	—
船	セン	ふね・ふな
走	ソウ	はし—る
台	ダイ・タイ	—
茶	チャ・▲サ	—
朝	チョウ	あさ
店	テン	みせ
冬	トウ	ふゆ
同	ドウ	おな—じ
南	ナン・▲ナ	みなみ
買	バイ	か—う
父	フ	ちち

漢字	おん	くん	筆順
風	フウ・▲フ	かぜ・かざ	丿 几 凡 凡 凡 凧 凧 風 風
歩	ホ・▲ブ・▲フ	ある—く・あゆ—む	丨 ト 屮 止 屮 牛 牛 步 歩
毎	マイ	—	丿 𠂉 𠂉 与 句 毎
毛	モウ	け	一 二 三 毛
友	ユウ	とも	一 ナ 方 友
理	リ	—	一 丁 千 王 刊 珂 珂 理 理 理 理
園	エン	▲その	丨 冂 冂 冂 冂 冃 冃 冃 周 周 周 園 園
楽	ガク・ラク	たの—しい・たの—しむ	′ 亻 白 白 白 泊 泊 泊 泊 楽 楽 楽 楽
親	シン	おや・した—しい・した—しむ	、 亠 ナ 立 立 辛 辛 辛 亲 新 新 新 親 親 親 親
曜	ヨウ	—	丨 日 日 日 日 日 日 日 日 日 日 日 日 日 日 日 曜 曜
分	ブン・フン・ブ	わ—ける・わ—かれる・わ—かる・わ—かつ	ノ 八 分 分
母	ボ	はは	ㄑ 口 口 母 母
妹	▲マイ	いもうと	く 女 女 女 妌 妹 妹 妹
門	モン	▲かど	丨 冂 冂 冂 門 門 門 門
用	ヨウ	もち—いる	丿 冂 月 月 用
話	ワ	はな—す・はなし	、 亠 亠 言 言 言 言 言 言 言 話 話 話
遠	エン・▲オン	とお—い	一 十 土 土 吉 吉 吉 吉 吉 袁 袁 遠 遠
顔	ガン	かお	、 亠 ナ 立 立 产 产 产 彦 彦 彦 彦 顔 顔 顔 顔 顔 顔
頭	トウ・ズ・▲ト	あたま・▲かしら	一 厂 戸 戸 戸 豆 豆 豆 豆 頭 頭 頭 頭 頭 頭 頭
聞	ブン・▲モン	き—く・き—こえる	丨 門 門 門 門 門 門 門 門 聞 聞 聞 聞 聞
方	ホウ	かた	、 亠 方 方
万	マン・▲バン	—	一 丂 万
夜	ヤ	よ・よる	、 亠 广 广 广 夜 夜 夜
来	ライ	く—る・▲きた—る・▲きた—す	一 一 ㄇ 立 平 来 来
歌	カ	うた・うた—う	一 一 一 可 可 可 可 可 哥 哥 哥 哥 歌 歌
語	ゴ	かた—る・かた—らう	、 亠 亠 言 言 言 言 言 言 語 語 語 語 語
明	メイ・ミョウ	あ—かり・あか—るい・あか—るむ・あか—らむ・あき—らか・あ—ける・あ—く・あ—くる・あ—かす	丨 日 日 日 明 明 明 明
米	ベイ・マイ	こめ	、 丷 丷 半 米 米
北	ホク	きた	丨 十 十 北 北
鳴	メイ	な—く・な—る・な—らす	丨 口 口 口 叩 叩 叩 叩 鳴 鳴 鳴 鳴 鳴 鳴
野	ヤ	の	丨 口 日 日 甲 里 里 里 野 野 野
里	リ	さと	丨 口 日 日 甲 里 里

小《しょう》学《がく》二《に》年《ねん》生《せい》でならうかん字《じ》［百《ひゃく》六《ろく》十《じゅう》字《じ》］テスト

1 □《はん》□《し》にまっすぐ□《せん》を□《ひ》く。

2 □《こころ》がすっきり□《は》れわたる。

3 モモが□《かよ》う、ひふみ学《がく》□《えん》。

4 □《とり》の□《かたち》をした、マガツ鬼《き》。

5 校《こう》□《もん》の□《そと》から
ひ□《めい》が□《き》こえる。

6 お役《やく》目《め》のことを□《し》る。

7 うらのじん□《じゃ》で人《ひと》かげを見《み》た。

8 □《こま》かいことにも気《き》がつくリオ。

9 □《こと》ばの力《ちから》。

10 矢《や》神《がみ》くんはヘンテコな□《え》をかく。

11 □《うみ》でのデートでもらった、
もものの花《はな》のネックレス。

12 モモが本《ほん》を□《よ》む。

13 こおりの国《くに》のき□《こう》子《し》さま。

14 史《ふみ》さんは矢神《やがみ》くんの□《あね》で、
依《より》ちゃんは□《いもうと》だ。

15 □《むぎ》ごはんはおいしい。

16 ご□《とう》□《ち》キャラのグッズがほしい。

17 クラスで一《いち》□《ばん》かわいいリオ。

18 学校《がっこう》で、みずきちゃんとの□《かい》□《わ》がはずむ。

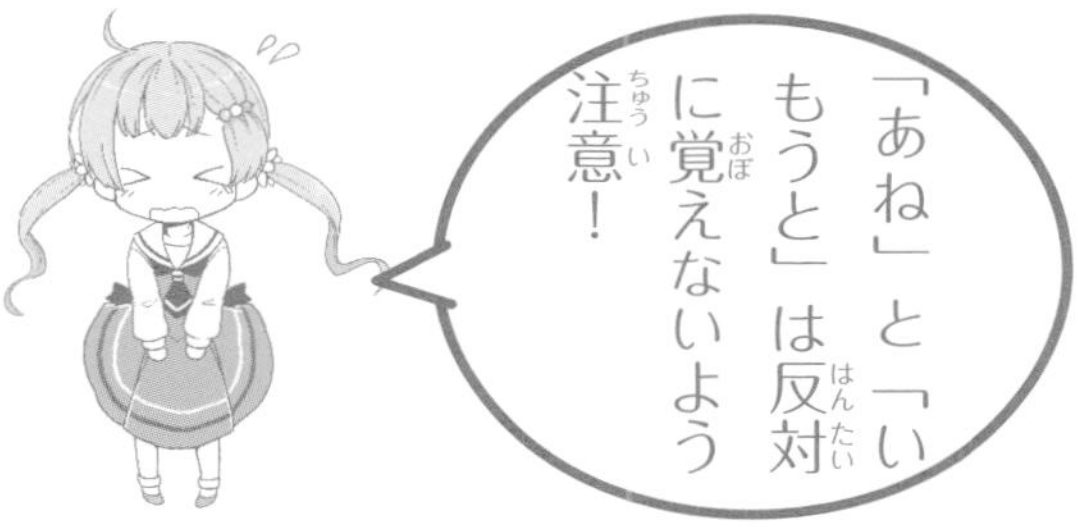

19 ハジメさんは筆作《ふでづく》りの天《てん》□《さい》。

20 四人《よにん》でパーティーの□《か》い出《だ》しに行《い》く。

21 一《いち》□《まん》円《えん》もあれば足《た》りる。

22 まっ□《ちゃ》白玉《しらたま》クレープは、
矢神《やがみ》くんのお気《き》に入《い》り。

23 □《とう》□《ざい》□《なん》□《ぼく》、すべての□《ほう》□《がく》からマガツ鬼《き》がやってくる！

24 カラフルでかわいい□《いろ》。

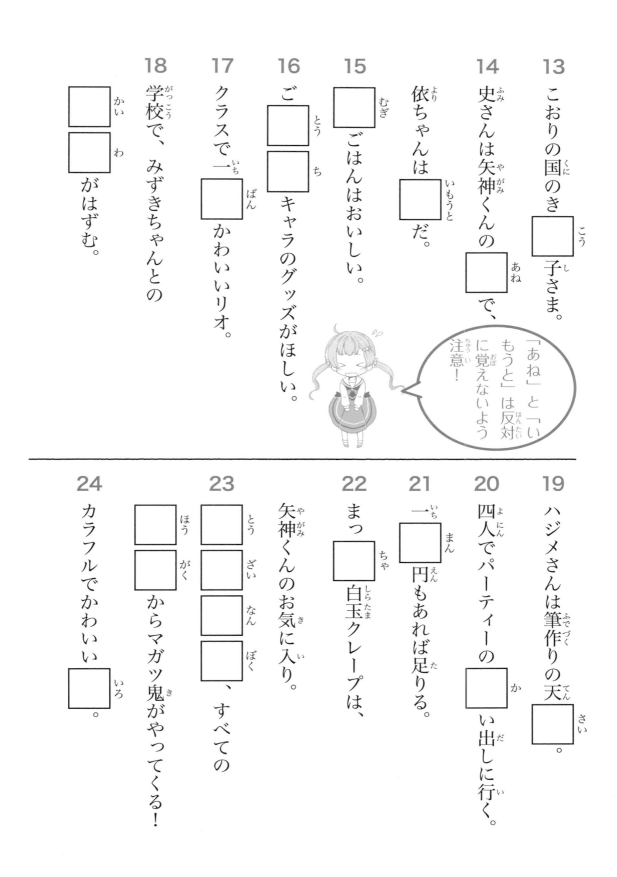

25 薫《かおる》ちゃんは□《けい》□《さん》□《だか》い。

26 ミコトバヅカイの当主《とうしゅ》として□《なに》をすべきか、□《かんが》える。

27 □《うた》と、はっ□《せい》のれんしゅうがとてもきびしい。

28 マガツ鬼《き》を、□《ひろ》い□《の》□《はら》にさそい出《だ》す。

29 矢神家《やがみけ》は□《きょう》□《だい》がたくさんいる。

---

30 五年生《ごねんせい》の□《はる》に、矢神《やがみ》くんと出会《であ》った。

31 □《たの》しかった□《あき》の一日《いちにち》。

32 トラくんの□《き》色《いろ》い頭《あたま》。

33 クリスマス前《まえ》に二《ふた》□《くみ》目《め》のカップル、たん生《じょう》？

34 千方《ちかた》センパイのお□《とう》さんとお□《かあ》さん。

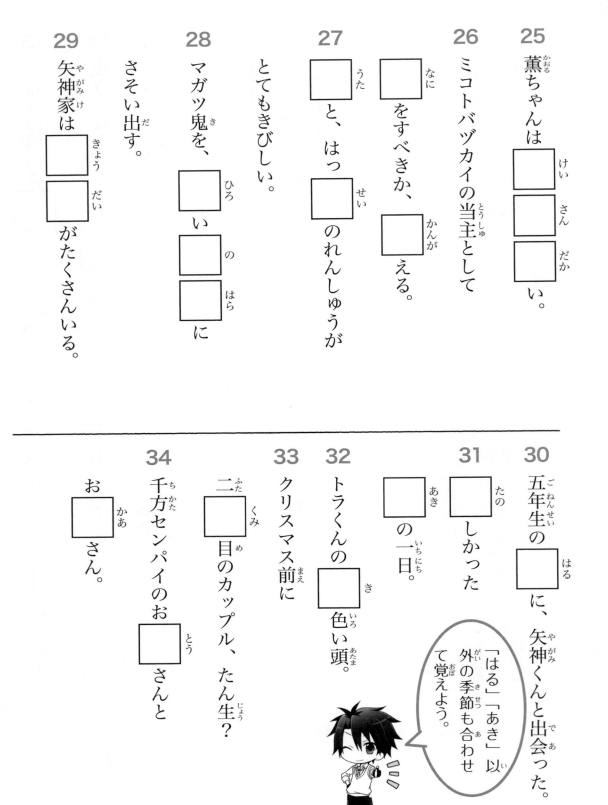

「はる」「あき」以《い》外《がい》の季節《きせつ》も合《あ》わせて覚《おぼ》えよう。

35
□《ご》□《ご》のクラスで、ゲームの
せつ□《めい》をする。

36
きんちょうしてお□《ひる》ごはんが
□《た》べられない。

37
□《ふゆ》のりょ□《こう》先《さき》は、まさかの
矢神《やがみ》くんのじっ家《か》？

38
ミコトバの□《さと》でとれた、おいしい
お□《こめ》とお□《さかな》をいただく。

39
□《ほし》いっぱいの□《よ》空《ぞら》を見上《みあ》げる。

40
マガツ鬼《き》との□《なが》いたたかいで、
□《たい》力《りょく》が□《よわ》まる。

41
□《かたな》をもったサムライのゆめを見《み》る。

42
いつも□《げん》気《き》な陽太《ようた》くんとあそぶ。

43
オリエンテーリングの
ゆうしょうしょうひんは、
□《ぎゅう》くし□《にく》！

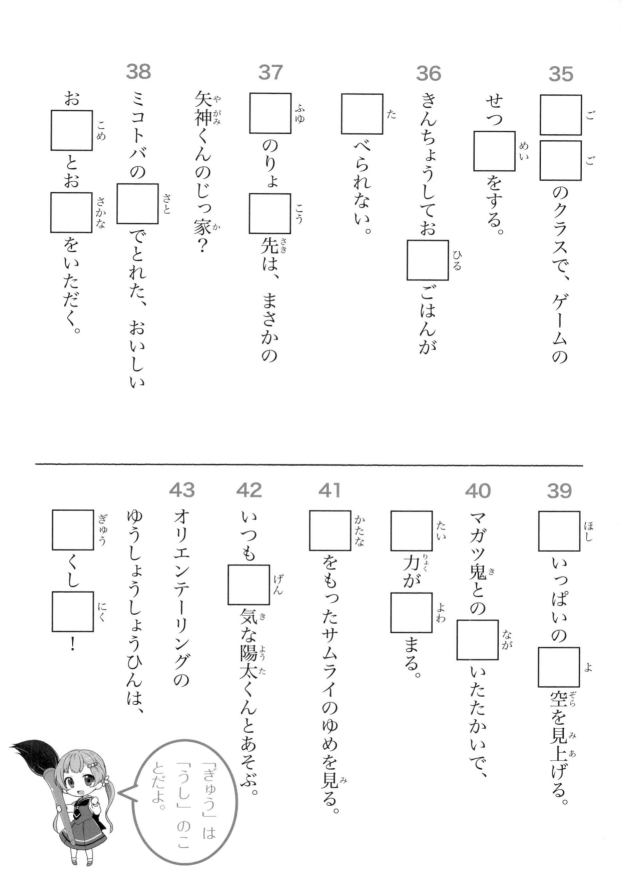

44 小《ちい》さな□《いけ》が□《とお》くに見《み》える。

45 □《くろ》い□《くも》におおわれる。

46 学校《がっこう》では□《じ》□《ぶん》を出《だ》さない。

47 白《しろ》い□《ゆき》のなごり。

48 だれかに見《み》られた気《き》がして、□《くび》すじがぞくっとする。

49 ゲームせつ明《めい》の□《だい》本《ほん》を□《まる》あん□《き》する。

---

50 「□《いわ》」を「小石《こいし》」に、いみちぇん！

51 □《あたら》しくできた大《たい》□《せつ》ななかま。

52 □《うま》の□《け》でできた大筆《おおふで》。

53 オバケやしきのかかりを□《こう》たいする。

54 できるだけ□《おお》くのオバケの目玉《めだま》をかんせいさせる。

55 できた目玉《めだま》の□《かず》を□《かぞ》える。

56 マガゴトをつかうのは、きん□《し》！

57 矢神《やがみ》くんは、□《ず》□《が》□《こう》□《さく》がにが手《て》みたい。

58 トラくんといっしょに□《かえ》る。

59 □《あさ》からばんまで矢神《やがみ》くんのコトが□《あたま》からはなれない。

60 □《まい》日《にち》いっしょに、ひみつのとう校《こう》。

61 史《ふみ》さんは□《しょ》□《どう》□《か》としてゆうめい。

62 へやの□《と》をあける。

---

63 お□《まえ》のパートナーは、おれしかいない。

64 矢神《やがみ》くん！□《かお》が□《ちか》すぎるよ〜！

65 □《らい》□《しゅう》の日《にち》□《よう》はバレンタインデー。

66 モモは、東《とう》□《きょう》にすんでいる。

67 大《おお》きなカラスのマガツ鬼《き》が□《はね》を広《ひろ》げてとんでくる。

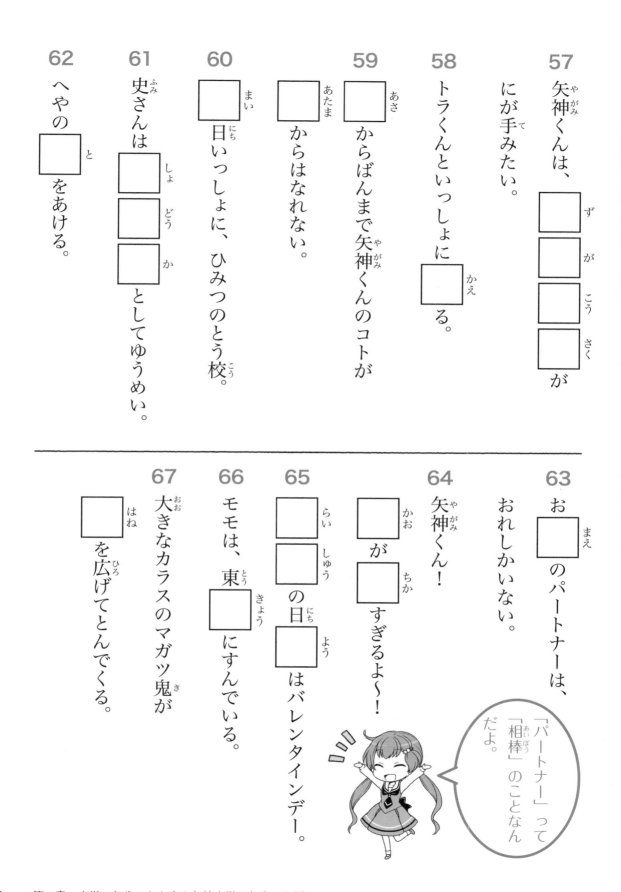

「パートナー」って「相棒《あいぼう》」のことなんだよ。

68 □《いち》□《ば》でマガツ鬼《き》をはっ見《けん》！

69 □《こく》□《ご》の中《なか》でもかん字《じ》がすきです。

70 モモと二人《ふたり》、□《でん》車《しゃ》で出《で》かける。

71 □《たい》ようみたいにまぶしい笑顔《えがお》。

72 マガゴトでいっぱいの□《きょう》□《しつ》。

73 こわれたおだんごピンを□《なお》す。

74 「犬《いぬ》」に□《てん》をつけわすれて、「大《だい》」になる。

---

75 おちこんだ日《ひ》は、とぼとぼ□《ある》く。

76 □《おや》には□《ない》しょのお役目《やくめ》。

77 □《すこ》しのゆう気《き》をふりしぼる。

78 二《ふた》クラス□《ごう》□《どう》のめいきゅうきっさ□《てん》で、ジュースとドーナツを□《う》る。

79 テストのかい□《とう》□《よう》紙《し》をかくす。

80 ゴールにむかって、ひたすら□《はし》る。

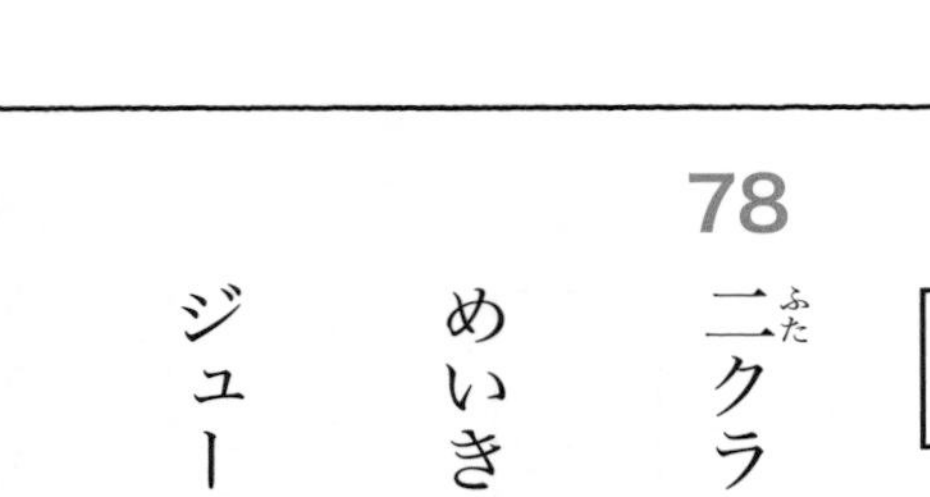
「ごうどう」は、二《ふた》つ以上《いじょう》のものが一《ひと》つにまとまることだよ。

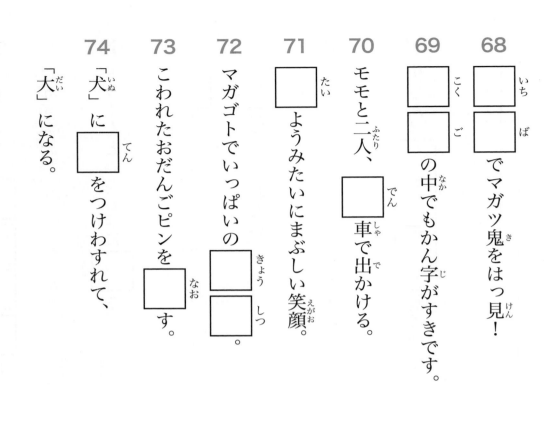

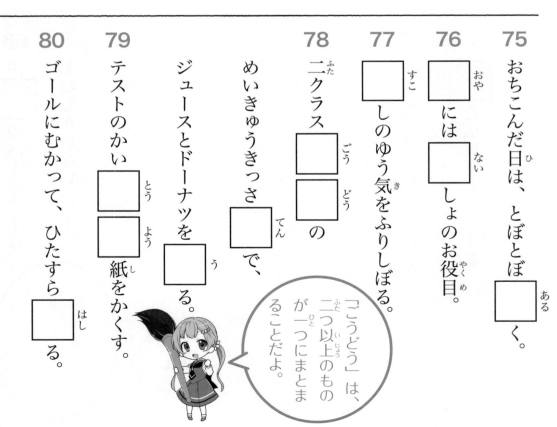

81 いつか□《き》車《しゃ》にのってみたい。

82 大《おお》きな□《ふね》でたびがしたい。

83 □《ふる》いお□《てら》で□《ゆみ》□《や》を見《み》つける。

84 まち合《あ》わせ□《じ》□《かん》ぎりぎりにつく。

85 ミコトバヅカイの生《せい》□《かつ》になれる。

86 ふかい□《たに》ぞこに、足《あし》がすくむ。

「足《あし》がすくむ」は、こわくて足《あし》が動《うご》かなくなることなんだ。

87 「□《とも》だちをたすけたい」という□《おも》いが、モモを□《つよ》くする。

88 □《り》□《か》のじっけんは、うまくできるかドキドキする。

89 □《なつ》休《やす》みは、修行《しゅぎょう》をしてすごす。

90 「虫《むし》」を「□《かぜ》」に、いみちぇん！

91 川《かわ》で□《ひか》るホタルを見《み》に行《い》く。

92 □《こん》□《かい》のお役目《やくめ》も、大《だい》せいこう！

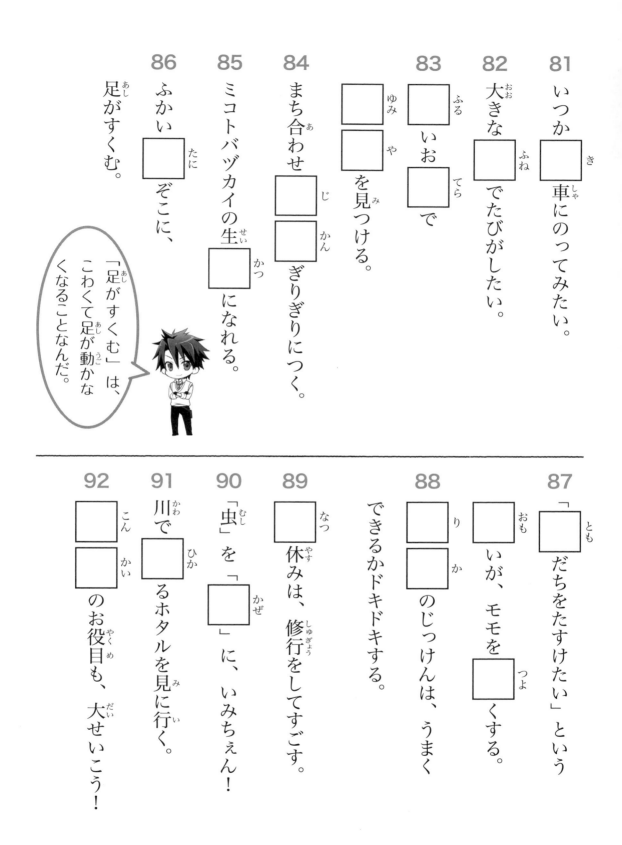

さがせ！

最《さい》高《こう》の パートナー その2

みんなが習《なら》った漢字《かんじ》を
マガツ鬼《き》がバラバラにしちゃった！
私《わたし》にとっての矢神《やがみ》くんのように
それぞれの漢字《かんじ》の
パートナーを見《み》つけてね。

娄　ヨ　文　頁　袁

辶　ネ　月　彦

土　心　日　田　⻗

パートナーを
見《み》つけた漢字《かんじ》を
書《か》こう！

答《こた》えは127ページにあるよ

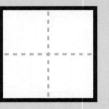

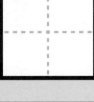

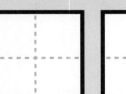

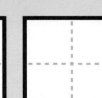

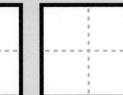

第三章《だいさんしょう》

小学三年生《しょうがくさんねんせい》の漢字《かんじ》&モモ小学三年生《しょうがくさんねんせい》のお話《はなし》

モモ

小学三年生《しょうがくさんねんせい》

出会《であ》いの漢字《かんじ》クイズ

ママ、どこ？

わたしはお客《きゃく》さんがいっぱい集《あつ》まってゴミゴミした会場《かいじょう》を、急《いそ》ぎ足《あし》でまわる。

県立美《けんりつび》じゅつ館《かん》の書道《しょどう》てんを見《み》に来《き》たんだけど、ステキな「書《しょ》」の筆使《ふでづか》いに見入《みい》ってたら、ママとはぐれちゃったんだ。

こわくて、血《ち》が氷《こおり》になっちゃったみたい。息《いき》が苦《くる》しい。

「おまえ、まいごか？」

その場《ば》にしゃがみこんだわたしに、上《うえ》からふってきた、声《こえ》。

身《み》を起《お》こしたら、わたしと同《おな》い年《どし》くらいの男《おとこ》の子《こ》が、心配《しんぱい》そうに立《た》っていた。

「係員《かかりいん》の代《か》わりに、いっしょに見《み》つけてやる。おまえ、名前《なまえ》は？」

しゃべりたいのに、悲《かな》しくて、むねが重《おも》くてつぶれそうで、言葉《ことば》が出《で》てこない。

消《き》え入《い》りそうにうつむくと、カレはぽんぽんっと、頭《あたま》をなでてくれた。

「平気《へいき》だから。ちゃんと送《おく》ってやるから安心《あんしん》しろ。さっきから見《み》てたけど、会《かい》

三年生《さんねんせい》の漢字《かんじ》

客→44ページ	集→45ページ
急→44ページ	県→45ページ
美→47ページ	館→48ページ
筆→47ページ	使→45ページ
血→45ページ	氷→47ページ
息→46ページ	苦→44ページ
身→46ページ	起→44ページ
配→47ページ	係→45ページ
員→44ページ	代→46ページ

場《じょう》にはいなかったんだろ？　なら表《おもて》じゃないのかな。おくの部屋《へや》、行《い》ってみるか」

カレは、ろうかの地図板《ちずばん》の前《まえ》で立《た》ち止《ど》まって、今《いま》の場所《ばしょ》を調《しら》べた。

「あ、ココとかどうだ？　『らくや』」

カレの指先《ゆびさき》は、見取《みと》り図《ず》の一番《いちばん》おくの部屋《へや》、「楽屋《がくや》」の字《じ》の上《うえ》に定《さだ》まってる。

「……あの、これね、『がくや』って読《よ》むんだよ」

わたしが細《ほそ》い声《こえ》で言《い》うと、男《おとこ》の子《こ》はビックリした顔《かお》で、こっちを向《む》いた。

「おれ、くつろいで『楽《らく》』になる部屋《へや》だから、『らくや』かと思《おも》ってた」

「『らく』とも読《よ》むんだけど、『楽屋《がくや》』のほうは――、」

わたしは頭《あたま》の中《なか》で、大《だい》すきな『**面白難解漢字辞典**《おもしろなんかいかんじじてん》』をバラバラめくる。

『音楽《おんがく》』の『楽《がく》』なの。元《もと》もと、笛《ふえ》とかをえんそうする部屋《へや》のことだから」

「へぇ……、なるほどな。学校《がっこう》の勉強《べんきょう》で習《なら》ってないのに、よく知《し》ってるな」

感心《かんしん》したような笑顔《えがお》を向《む》けられて、わたしはうれしくなっちゃった。

「『楽《がく》』って、草《くさ》かんむりで『薬《くすり》』にもなるし、すごい漢字《かんじ》だよね」

「ああ、そうか。『薬《くすり》』のほうは、『草《くさ》』を飲《の》んで『楽《らく》』になる、って意味《いみ》か」

「うん！　そうそう！」

前《まえ》のめりに食《く》らいついた後《あと》で、われに返《かえ》った。

シュミの漢字《かんじ》の話《はなし》になったから、つい。赤《あか》くなって下《した》を向《む》くと、カレはわらった。

悲→47ページ　葉→48ページ　平→47ページ　安→44ページ　部→47ページ　板→47ページ　調→48ページ　取→45ページ　向→45ページ　漢→44ページ　勉→47ページ　感→48ページ　飲→44ページ　味→47ページ
重→45ページ　消→46ページ　送→46ページ　表→47ページ　屋→44ページ　所→45ページ　指→45ページ　定→46ページ　面→47ページ　笛→46ページ　習→45ページ　薬→48ページ　意→44ページ　返→47ページ

「じゃあ、家族《かぞく》が見《み》つかるまで、漢字《かんじ》クイズしようぜ」

「す、するっ！」

漢字《かんじ》クイズ大《だい》すき！　わたしたちは手《て》をつないで歩《ある》きながら、楽屋《がくや》をめざす。

「小《ちい》さい豆《まめ》と大《おお》きい豆《まめ》、赤《あか》いのはどっちだ」

「『小豆《あずき》』と『大豆《だいず》』だから、赤《あか》いのは『小《ちい》さい豆《まめ》』！　大豆《だいず》は白《しろ》いもん！」

「アタリ」

カレはニッとくちびるを持《も》ち上《あ》げる。もしかしてこのコも、漢字《かんじ》ずき？

「次《つぎ》のお題《だい》、もう一問《いちもん》。鳥《とり》が大《だい》すきな飲《の》み物《もの》は？」

飲《の》み物《もの》？「鳥《とり》」がつく言葉《ことば》で、飲《の》み物《もの》っぽいのって？　うう、むずかしいぞ。

「ヒント！『鳥《とり》』を、年《ねん》がじょうの『えと』のほうの、『酉《とり》』にするのよ」

聞《き》きおぼえのある声《こえ》が、ろうかの先《さき》にひびいた。

「そうだ、わかった！『酉《とり》』に『さんずい』で、『酒《さけ》』だ！」

さけんでから、ハッと気《き》づいた。今《いま》の声《こえ》――！

楽屋《がくや》のドアが開《ひら》いて、深緑《ふかみどり》のセーターを着《き》た女《おんな》の人《ひと》が顔《かお》を出《だ》してる。

「ママ！」

ママがわらう。わたしは転《ころ》びそうになりながら、全速力《ぜんそくりょく》でとびついた。

待《ま》たないで先《さき》に行《い》くなんてヒドイってママとやりあった後《あと》、そうだ、男《おとこ》の子《こ》にちゃんとお礼《れい》しなきゃって、思《おも》い出《だ》した。

族→46ページ
持→45ページ
題→48ページ
物→47ページ
開→44ページ
緑→48ページ
転→46ページ
速→46ページ
礼→48ページ
豆→47ページ
次→45ページ
問→47ページ
酒→45ページ
深→46ページ
着→46ページ
全→46ページ
待→46ページ

でもふり返《かえ》ったら――、さっきの男《おとこ》の子《こ》、もういなくなってる。

「今《いま》の、だれだったの？　モモ、人見知《ひとみし》りなのに、いっしょに遊《あそ》べたの？」

「うん……。あ、わたし、名前《なまえ》も聞《き》いてなかった」

また会《あ》いたいな。どこか他《ほか》の書道《しょどう》てんで会《あ》えるかな？

わたしは、カレのきりっとした目《め》の、落《お》ちついた温《あたた》かい色《いろ》を思《おも》い出《だ》す。

こんど会《あ》えたら、ちゃんとお礼《れい》を言《い》おう。

それで、わたしの名前《なまえ》も教《おし》えて、……「お友《とも》だちになろう」って言《い》えるかな。

遊→47ページ　他→46ページ
落→48ページ　温→44ページ

いみちぇん！用語《ようご》
1 面白難解漢字辞典《おもしろなんかいかんじじてん》→13ページ

小学《しょうがく》三年生《さんねんせい》で習《なら》う漢字《かんじ》

漢字	おん	くん
悪	アク・▲オ	わる−い
委	イ	ゆだ−ねる
院	イン	—
駅	エキ	—
温	オン	あたた−か・あたた−かい・あたた−まる・あたた−める
開	カイ	ひら−く・ひら−ける・あ−く・あ−ける
岸	ガン	きし
究	キュウ	▲きわ−める
球	キュウ	たま
区	ク	—
安	アン	やす−い
意	イ	—
飲	イン	の−む
央	オウ	—
化	カ・▲ケ	ば−ける・ば−かす
階	カイ	—
起	キ	お−きる・お−こる・お−こす
急	キュウ	いそ−ぐ
去	キョ・コ	さ−る
苦	ク	くる−しい・くる−しむ・くる−しめる・にが−い・にが−る
暗	アン	くら−い
育	イク	そだ−つ・そだ−てる・はぐく−む
運	ウン	はこ−ぶ
横	オウ	よこ
荷	▲カ	に
寒	カン	さむ−い
期	キ・▲ゴ	—
級	キュウ	—
曲	キョク	ま−がる・ま−げる
具	グ	—
医	イ	—
員	イン	—
泳	エイ	およ−ぐ
屋	オク	や
界	カイ	—
漢	カン	—
客	キャク・▲カク	—
宮	キュウ・▲グウ・▲ク	みや
局	キョク	—
君	クン	きみ

漢字	おん	くん	筆順
係	ケイ	かか―る・かかり	ノ亻亻仁伫伾伾係係
研	ケン	▲と―ぐ	一厂不石石石石研研
向	コウ	む―く・む―ける・む―かう・む―こう	ノ冂门向向向
根	コン	ね	一十才木村村根根根根
死	シ	し―ぬ	一厂歹歹歹死
歯	シ	は	丨卜止止止步步步歯歯歯歯
持	ジ	も―つ	一十扌扌扌挂持持持
者	シャ	もの	一十土耂耂者者者
酒	シュ	さけ・さか	丶氵氵汀汀沂沔洒酒酒
終	シュウ	お―わる・お―える	幺幺幺糸糸糸紀終終終終
重	ジュウ・チョウ	え・おも―い・かさ―ねる・かさ―なる	一二千亏亏亏盲重重重

漢字	おん	くん	筆順
軽	ケイ	かる―い・▲かろ―やか	一厂戸百亘車車軒軽軽軽軽
県	ケン	―	丨冂月月目旦県県県
幸	コウ	さいわ―い・▲さち・しあわ―せ	一十土去去去幸幸
祭	サイ	まつ―る・まつ―り	ノクタタタ夕夕夕祭祭祭
使	シ	つか―う	ノ亻亻仁仁佰使使
詩	シ	―	丶亠亠言言言言言詩詩詩詩詩
式	シキ	―	一二三亍式式
主	シュ・▲ス	ぬし・おも	丶亠十主主
受	ジュ	う―ける・う―かる	一⺍⺍⺍爫爫受受
習	シュウ	なら―う	丁刁习刁羽羽羽羽習習習
宿	シュク	やど・やど―る・やど―す	丶丷宀宀宀宀宿宿宿宿宿

漢字	おん	くん	筆順
血	ケツ	ち	ノ亻白白血血
庫	コ・▲ク	―	丶亠广广广庐庐庫庫庫
港	コウ	みなと	丶氵氵氵汁汫洪洪洪洪港港
皿	―	さら	丨冂冂皿皿
始	シ	はじ―める・はじ―まる	𡿨女女女女始始始
次	ジ・▲シ	つ―ぐ・つぎ	丶冫冫次次次
実	ジツ	み・みの―る	丶丷宀宀宀宣宣実
守	シュ・ス	まも―る・もり	丶丷宀宀守守
州	シュウ	▲す	丶丿丿州州州
集	シュウ	あつ―まる・あつ―める・▲つど―う	ノ亻亻什什隹隹隹集集集集
所	ショ	ところ	一ㄱ㇇戸戸所所所

漢字	おん	くん	筆順
決	ケツ	き―める・き―まる	丶氵氵汀江決決
湖	コ	みずうみ	丶氵氵氵汁汁沽沽沽湖湖湖
号	ゴウ	―	丨口口旦号
仕	シ・▲ジ	つか―える	ノ亻亻什仕
指	シ	ゆび・さ―す	一十扌扌扌扌指指指
事	ジ・▲ズ	こと	一一百百亘亘事事
写	シャ	うつ―す・うつ―る	丶冖冖写写
取	シュ	と―る	一厂F耳耳耳取取
拾	▲シュウ・▲ジュウ	ひろ―う	一十扌扌扚拾拾拾拾
住	ジュウ	す―む・す―まう	ノ亻亻仁仁住住
暑	ショ	あつ―い	丨口日日旦早早旦暑暑暑暑

漢字	おん	くん	筆順
助	ジョ	たす—ける・たす—かる・▲すけ	丨 冂 冃 目 且 助 助
章	ショウ	—	丶 亠 亣 立 产 产 音 音 音 音 章
申	▲シン	もう—す	丨 冂 日 日 申
深	シン	ふか—い・ふか—まる・ふか—める	丶 冫 氵 氵 氵 沪 沪 泙 泙 深 深
全	ゼン	まった—く・すべ—て	ノ 入 亼 今 仝 全
息	ソク	いき	ノ 亻 白 白 自 自 自 自 息 息
打	ダ	う—つ	一 十 扌 扌 打
第	ダイ	—	ノ 𠂉 ⺮ ⺮ 竺 竺 竺 笃 第 第 第
注	チュウ	そそ—ぐ	丶 冫 氵 氵 汁 汗 注 注
追	ツイ	お—う	ノ 亻 户 户 自 自 自 追 追
鉄	テツ	—	ノ 人 亼 今 今 余 金 金 金 金 鉄 鉄 鉄
昭	ショウ	—	丨 冂 日 日 旫 昀 昭 昭 昭
勝	ショウ	か—つ・▲まさ—る	丿 刀 月 月 月 月 胖 胖 胖 胜 勝 勝
身	シン	み	ノ 亻 介 自 自 身 身
進	シン	すす—む・すす—める	ノ 亻 亻 亻 什 什 隹 隹 隹 進 進
相	ソウ・▲ショウ	あい	一 十 才 木 木 相 相 相 相
速	ソク	はや—い・はや—める・はや—まる・▲すみ—やか	一 冂 冃 申 東 東 東 速 速 速
対	タイ・▲ツイ	—	丶 亠 ナ 文 対 対 対
炭	タン	すみ	丨 山 山 山 屵 岸 岸 炭 炭
柱	チュウ	はしら	一 十 才 木 木 杧 柱 柱 柱
定	テイ・ジョウ	さだ—める・さだ—まる・▲さだ—か	丶 丷 宀 宀 宁 宇 定 定
転	テン	ころ—がる・ころ—げる・ころ—がす・ころ—ぶ	一 冂 百 百 亘 亘 車 車 転 転 転
消	ショウ	き—える・け—す	丶 冫 氵 氵 氵 氵 消 消 消 消
乗	ジョウ	の—る・の—せる	二 三 乒 乒 乒 垂 垂 乗 乗
神	シン・ジン	かみ・▲かん・▲こう	丶 ラ 礻 礻 礻 神 神 神 神
世	セイ・セ	よ	一 十 廿 廿 世
送	ソウ	おく—る	丶 丷 丷 兰 关 关 关 送 送
族	ゾク	—	丶 亠 方 方 方 方 方 方 於 族 族
待	タイ	ま—つ	ノ 彳 彳 彳 往 往 往 待 待
短	タン	みじか—い	ノ 𠂉 ⺈ 矢 矢 矢 矢 知 矩 短 短 短
丁	チョウ・▲テイ	—	一 丁
庭	テイ	にわ	丶 亠 广 广 庁 庁 庄 庄 庭 庭
都	ト・ツ	みやこ	一 十 土 耂 者 者 者 者 都 都 都
商	ショウ	▲あきな—う	丶 亠 亠 亣 产 产 产 产 商 商 商
植	ショク	う—える・う—わる	一 十 才 木 木 朾 杧 杭 植 植 植 植
真	シン	ま	一 十 𠂇 冇 冇 直 直 直 真 真
昔	セキ・▲シャク	むかし	一 十 廾 廾 昔 昔 昔 昔
想	ソウ・▲ソ	—	一 十 才 木 相 相 相 相 相 想 想 想 想
他	タ	ほか	ノ 亻 仂 仲 他
代	ダイ・タイ	か—わる・か—える・よ・▲しろ	ノ 亻 仁 代 代
着	チャク・▲ジャク	き—る・き—せる・つ—く・つ—ける	丶 丷 丷 兰 羊 兰 羊 羊 着 着 着 着
帳	チョウ	—	丨 冂 巾 巾 帄 帄 帄 帊 帳 帳 帳
笛	テキ	ふえ	ノ 𠂉 ⺮ ⺮ 竺 竺 竺 笛 笛 笛 笛
度	ド・▲ト・▲タク	▲たび	丶 亠 广 广 户 庐 庐 庐 度

漢字	おん	くん
投	トウ	な―げる
登	トウ・ト	のぼ―る
波	ハ	なみ
発	ハツ・▲ホツ	―
皮	ヒ	かわ
氷	ヒョウ	こおり・▲ひ
品	ヒン	しな
物	ブツ・モツ	もの
放	ホウ	はな―す・はな―つ・はな―れる・ほう―る
問	モン	と―う・と―い・とん
有	ユウ・▲ウ	あ―る

漢字	おん	くん
豆	トウ・ズ	まめ
等	トウ	ひと―しい
配	ハイ	くば―る
反	ハン・▲ホン・▲タン	そ―る・そ―らす
悲	ヒ	かな―しい・かな―しむ
表	ヒョウ	おもて・あらわ―す・あらわ―れる
負	フ	ま―ける・ま―かす・お―う
平	ヘイ・ビョウ	たい―ら・ひら
味	ミ	あじ・あじ―わう
役	ヤク・▲エキ	―
遊	ユウ・▲ユ	あそ―ぶ

漢字	おん	くん
島	トウ	しま
動	ドウ	うご―く・うご―かす
倍	バイ	―
坂	▲ハン	さか
美	ビ	うつく―しい
秒	ビョウ	―
部	ブ	―
返	ヘン	かえ―す・かえ―る
命	メイ・▲ミョウ	いのち
由	ユ・ユウ・▲ユイ	▲よし
予	ヨ	―

漢字	おん	くん
湯	トウ	ゆ
童	ドウ	▲わらべ
畑	―	はた・はたけ
板	ハン・バン	いた
筆	ヒツ	ふで
病	ビョウ・▲ヘイ	▲や―む・やまい
服	フク	―
勉	ベン	―
面	メン	▲おも・▲おもて・▲つら
油	ユ	あぶら
羊	ヨウ	ひつじ

漢字	おん	くん	筆順
洋	ヨウ	―	洋
流	リュウ・▲ル	なが―れる・なが―す	流
列	レツ	―	一 列
感	カン	―	感
業	ギョウ・▲ゴウ	▲わざ	業
題	ダイ	―	題
農	ノウ	―	農
福	フク	―	福
緑	リョク・▲ロク	みどり	緑
葉	ヨウ	は	一 葉
旅	リョ	たび	旅
路	ロ	じ	路
館	カン	やかた	館
銀	ギン	―	銀
談	ダン	―	談
箱	―	はこ	箱
薬	ヤク	くすり	一 薬
練	レン	ね―る	練
陽	ヨウ	―	陽
両	リョウ	―	一 両
和	ワ・▲オ	▲やわ―らぐ・▲やわ―らげる・▲なご―む・▲なご―やか	和
橋	キョウ	はし	一 橋
整	セイ	ととの―える・ととの―う	一 整
調	チョウ	しら―べる・▲ととの―う・▲ととの―える	調
鼻	▲ビ	はな	鼻
様	ヨウ	さま	一 様
落	ラク	お―ちる・お―とす	一 落
礼	レイ・▲ライ	―	礼

小学《しょうがく》三年生《さんねんせい》で習《なら》う漢字《かんじ》［二百字《にひゃくじ》］テスト

1 モモは□《へい》ぼんな女《おんな》の子《こ》。

2 わたしはガリ□《べん》と思《おも》われたくない。

3 かわいい□《ふで》□《ばこ》をもらう。

4 新学《しんがっ》□《き》が□《はじ》まる。

5 先祖《せんぞ》□《だい》々《だい》つたわるお□《やく》目《め》。

6 宇田川《うだがわ》さんは学《がっ》□《きゅう》□《い》□《いん》長《ちょう》。

7 矢神《やがみ》くんの□《じっ》家《か》は三重《みえ》□《けん》にある。

8 □《よう》□《ふく》もかみがたも、みずきちゃんとおそろい。

9 千方《ちかた》センパイはミコトバの里《さと》の大《おお》□《むかし》の当《とう》□《しゅ》。

10 リオが引《ひ》いた「□《せ》□《かい》」のカード。

11 太《たい》□《よう》のような笑顔《えがお》の夏海《なつみ》□《くん》。

12 モモの家《いえ》のとなりに新《あたら》しい人《ひと》が□《す》む。

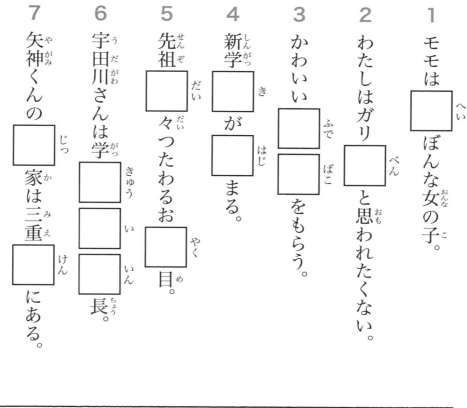

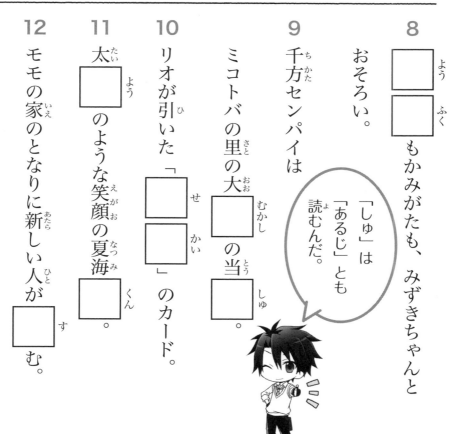

13 ミコトバヅカイとして、□《かん》字《じ》の□《けん》□《きゅう》をつづける。

14 今年《ことし》の文《ぶん》□《か》□《さい》の出《だ》し物《もの》が、ついに□《けっ》□《てい》した！

15 高《たか》い山《やま》に□《のぼ》ってみたい。

16 モモを□《かる》々《がる》と□《も》ち上《あ》げるハジメさん。

17 □《ゆ》だんすると、あぶない。

18 二《に》□《ばい》三《さん》□《ばい》とふえるマガツ鬼《き》。

19 ミコトバの里《さと》の□《はたけ》で□《そだ》った□《のう》作物《さくもつ》。

20 里《さと》の人《ひと》にお□《さけ》をついでもらって、ごきげんのパパ。

21 モモに見《み》せたい場《ば》□《しょ》がある。

22 二《に》□《かい》だての物見台《ものみだい》。

23 □《む》こうに、邪気《じゃき》を□《かん》じる。

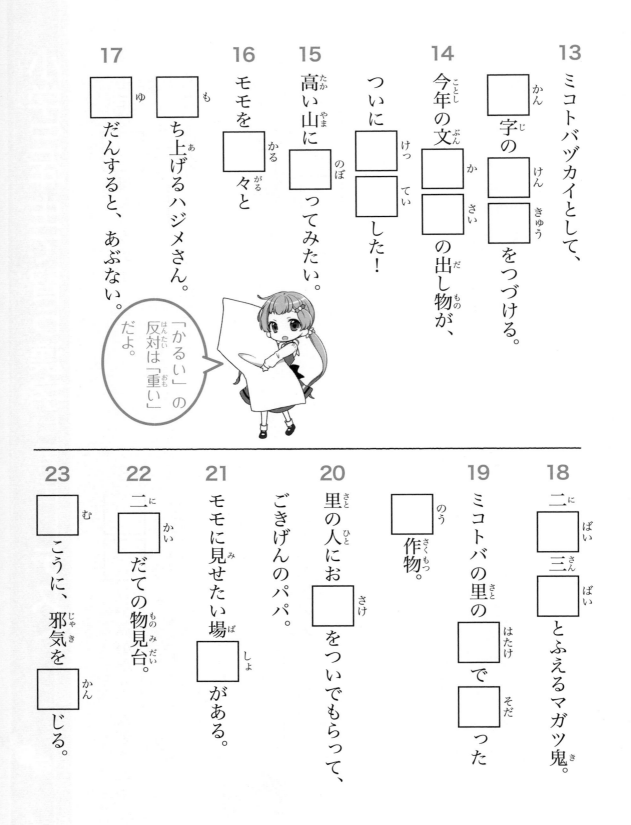

24
遠《とお》くから□《ひ》鳴《めい》が聞《き》こえる。

25
□《けっ》相《そう》をかえて、走《はし》ってくる。

26
くるっと体《からだ》を□《はん》□《てん》させる。

27
□《にわ》に□《う》えられたまつの木《き》。

28
山《やま》のふもとの□《すみ》やき小屋《ごや》。

29
マガツ鬼《き》が□《き》えるまで、
□《てつ》のろう屋《や》にとじこめる。

30
□《いのち》をけずって□《し》ぬ気《き》でたたかう。

31
あぶないたたかいがあったことは、
□《りょう》親《しん》にはナイショだ。

32
「地《ち》」と「池《いけ》」は□《よこ》にならべると
にているが、□《い》□《み》は
まったくちがう。

33
うさぎが、□《はな》をヒクヒクさせる。

34
心《こころ》にたまった□《わる》いモノを□《つぎ》々《つぎ》と
□《お》いはらう。

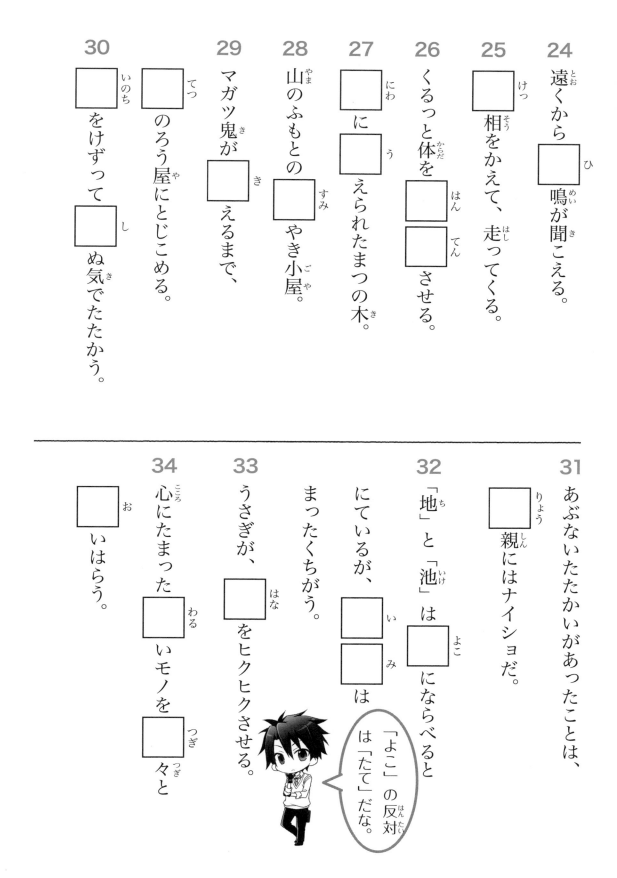

35 たおれたモモを□《びょう》□《いん》につれて
いき、□《い》□《しゃ》にみてもらう。

36 □《くすり》を□《の》んで楽《らく》になる。

37 ママが作《つく》る□《ぐ》だくさんの
□《あたた》かいスープのおかげで、□《しあわ》せな
気《き》持《も》ちになる。

38 主《あるじ》□《さま》にお□《つか》えする。

39 里《さと》の夏《なつ》は□《あつ》い。

---

40 □《ほう》か後《ご》、クリスマスの
□《しょう》□《ひん》がならぶ店《みせ》に行《い》く。

41 プレゼントを手《て》に□《と》る。

42 陽《よう》太《た》くんは野《や》□《きゅう》バカ。

43 鬼《おに》になった白《はく》□《ぎん》のかみの
千《ち》方《かた》センパイ。

44 心《しん》□《ぱい》しょうのモモだけど、
矢《や》神《がみ》くんといっしょなら□《あん》心《しん》。

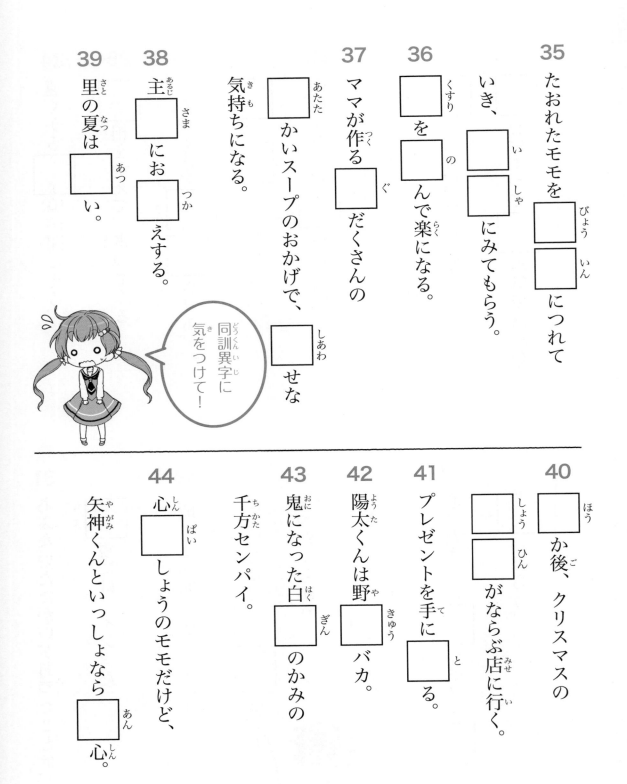

45 □《た》人《にん》の目《め》なんて気《き》にしない。

46 陽太《ようた》くんからおつき合《あ》いを□《もう》しこまれる。

47 れんあいに公《こう》□《しき》なんてない。

漢字《かんじ》のはね・はらいはていねいに書《か》こう。

48 □《しん》□《ろ》になやむリオ。

49 長《なが》い□《れつ》ができる。

50 クレープ□《や》さんに□《つ》く。

51 類《るい》と□《あそ》ぶやくそくをする。

---

52 林間学校《りんかんがっこう》のバスに□《の》りこむ。

53 類《るい》にマクラを□《な》げ□《かえ》す。

54 類《るい》のお母《かあ》さんは、□《りょ》□《かん》ではたらく。

55 夜《よる》の□《じん》社《じゃ》で□《じ》けんが□《お》こる。

56 □《りゅう》行《こう》している言《こと》□《ば》が書《か》かれたかん□《ばん》。

57 山《やま》の□《さか》道《みち》をかけ下《お》りる。

58 今《こん》□《ど》はきっとうまくやる！

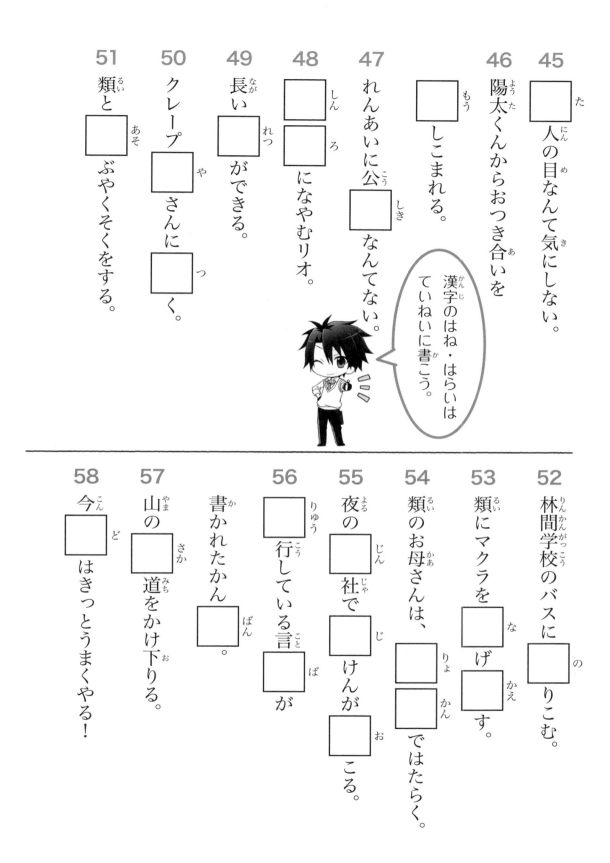

59 □《ふえ》の合図《あいず》で走《はし》り出《だ》す。

60 マガツ鬼《き》と□《たい》決《けつ》して□《か》つ。

61 モモのチームは、□《ま》けずギライの□《しゅう》合体《ごうたい》？

62 □《お》ちそうでこわい丸太《まるた》□《ばし》を、□《は》をくいしばってわたりきる。

63 なか間《ま》の声《こえ》に□《たす》けられる。

64 □《こおり》のようにつめたいひとみ。

---

65 フデマメくんは筆《ふで》を持《も》ったえだ□《まめ》三兄弟《さんきょうだい》のキャラクター。

66 ご当地《とうち》フデマメくんの東京《とうきょう》□《と》ばん。

67 おれはモモのことを□《ぜん》□《ぶ》知《し》りたい。

68 マガゴトを□《つか》うとマガツ鬼《き》があらわれる。

69 太《ふと》い木《き》の□《ね》が□《なみ》打《う》つようにはり出《だ》す森《もり》。

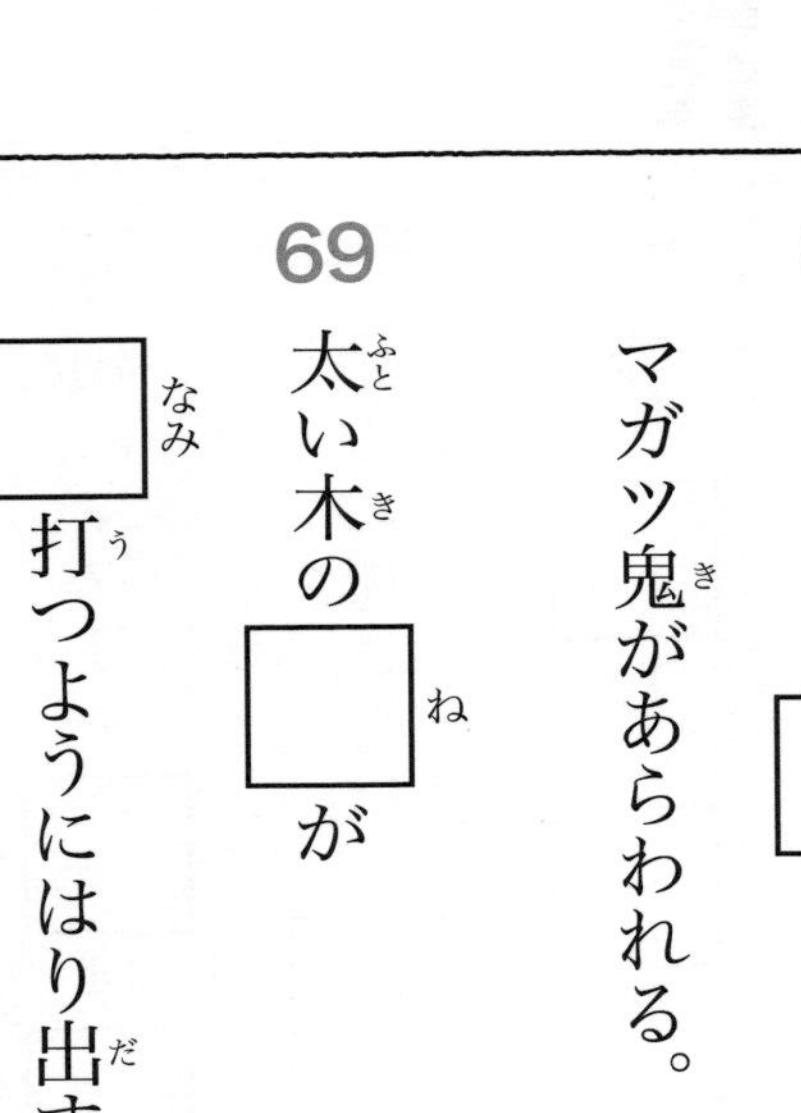

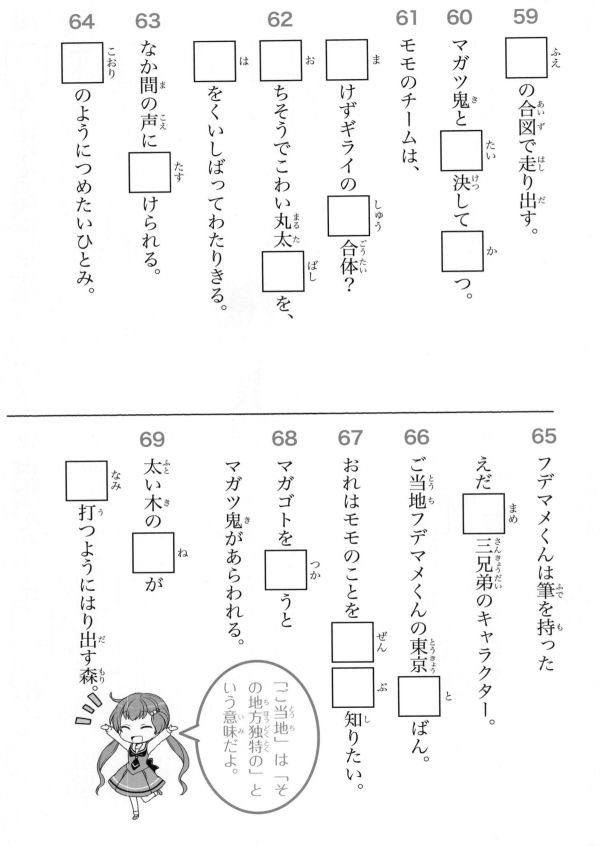

「ご当地《とうち》」は「その地方独特《ちほうどくとく》の」という意味《いみ》だよ。

70 バレンタインの予定《よてい》を手《て》□《ちょう》に書《か》きこむ。

71 みずきちゃんと□《えき》の中《ちゅう》□《おう》口《ぐち》で□《ま》ちあわせ。

72 □《いそ》いで白札《しろふだ》に書《か》く□《れん》□《しゅう》。

73 ハジメさんに□《そう》□《だん》する。

74 □《みじか》い声《こえ》を上《あ》げる。

75 林間学校《りんかんがっこう》の□《しゃ》□《しん》をえらぶ。

---

76 □《さむ》くて□《くら》いところに一人《ひとり》きりの依《より》ちゃん。

77 モモからもらったお□《まも》り。

78 自分自身《じぶんじしん》に□《と》いかける。

79 ハジメさんからの□《しゅく》□《だい》。

80 類《るい》を追《お》いかけるときのみずきちゃんのスピードは□《はや》い。

81 □《はしら》のかげで□《いき》をひそめる。

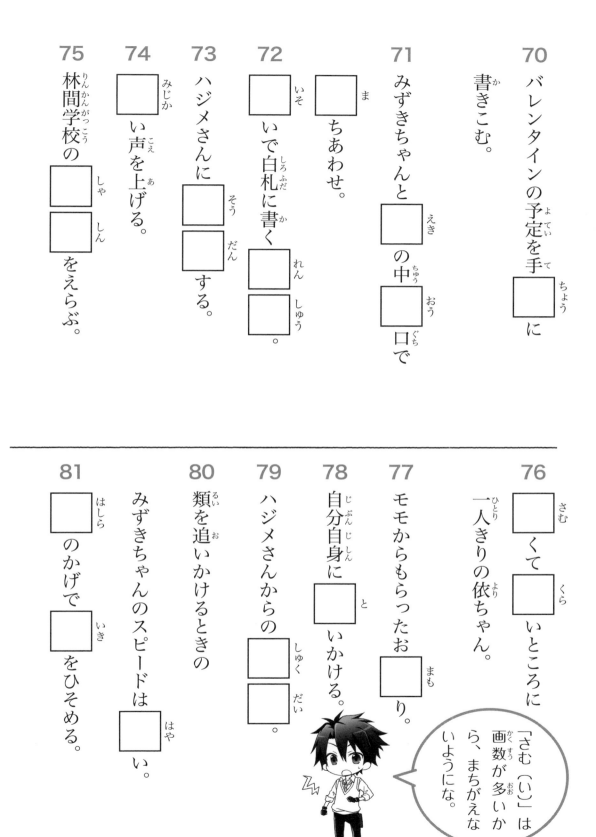

82 雪花《せっか》の□《うつく》しい白《しろ》い毛《け》は、□《ひつじ》か
白《しろ》タヌキの毛《け》だろうか？

83 学校《がっこう》のそう□《こ》にとじこめられる。

84 ハジメさんから手紙《てがみ》を□《う》け取《と》る。

85 動物《どうぶつ》の「毛《け》□《がわ》」を、
「波《なみ》」にいみちぇん！

86 矢神《やがみ》くんの□《ゆび》さす方向《ほうこう》。

87 長《なが》いたたかいが□《お》わる。

---

88 千方《ちかた》センパイにもらった、
お□《れい》のクッキーを□《さら》にもる。

89 口《くち》を□《あ》けてわらうセンパイ。

90 妹《いもうと》に□《どう》話《わ》を読《よ》んであげる。

91 カップにお□《ゆ》を□《そそ》ぐ。

92 みずきちゃんのお友《とも》だち□《だい》一《いち》□《ごう》になる。

93 引《ひ》っこしの□《に》□《もつ》をまとめる。

94 矢神《やがみ》くんと数《すう》□《びょう》目《め》が合《あ》う。

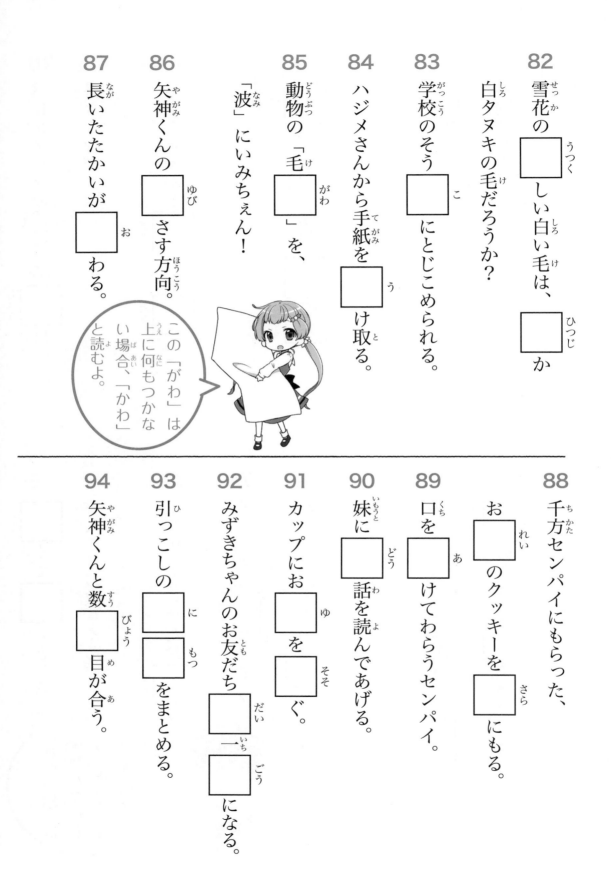

95 やるからには一《いっ》□《とう》しょうがほしい。

96 トラくんと薫《かおる》ちゃんは広《ひろ》□《しま》県出《けんしゅっ》□《しん》のミコトバヅカイと文房師《ぶんぼうし》だ。

97 □《ふか》い□《みどり》色《いろ》をした、色墨《いろずみ》。

98 □《うん》□《どう》会《かい》でゴールテープを持《も》つ□《かかり》になる。

99 家《いえ》に帰《かえ》る矢神《やがみ》くんを見《み》□《おく》る。

100 □《おも》い筆《ふで》を自《じ》□《ゆう》にあつかう。

101 今年《ことし》の家《か》□《ぞく》旅行《りょこう》の行《い》き先《さき》を□《よ》□《そう》する。

102 手紙《てがみ》を出《だ》しに、ゆうびん□《きょく》へ行《い》く。

103 □《きょ》年《ねん》のクラスがなつかしい。

104 陽太《ようた》くんが□《う》った、見事《みごと》なホームランに見《み》とれる。

105 □《せい》理《り》された、きれいな作《さ》□《ぎょう》場《ば》。

106 □《く》役所《やくしょ》で引《ひ》っこしの手《て》つづき。

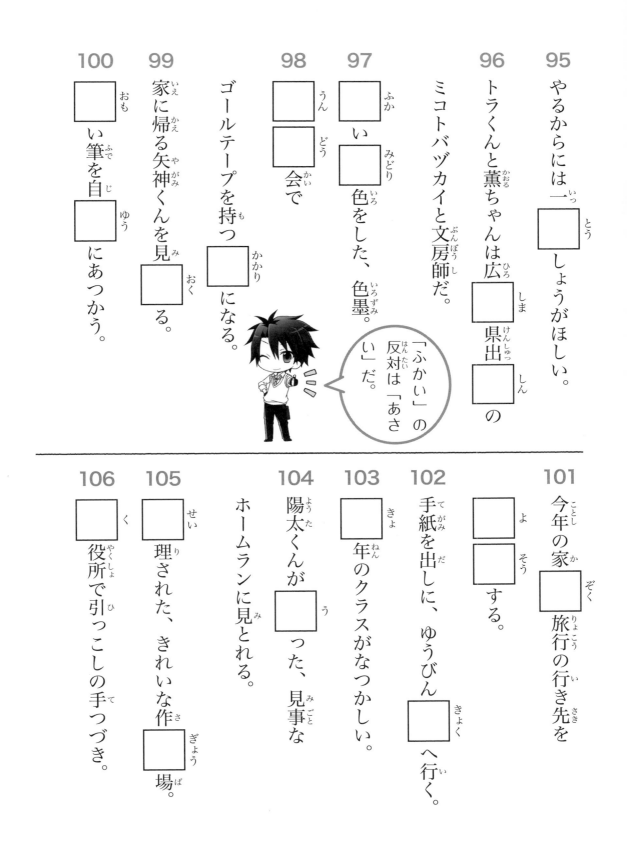

107 来年《らいねん》は九《きゅう》□《しゅう》に行《い》きたい。

108 お□《みや》まいりで子《こ》どもの幸《こう》□《ふく》をいのる。

109 たくさんのお□《きゃく》さんの前《まえ》での書道《しょどう》パフォーマンス。

110 矢神《やがみ》くんは、□《およ》ぎも上手《じょうず》。

111 □《みずうみ》の水《すい》□《めん》からマガツ鬼《き》が！

112 海《かい》□《がん》ぞいをデートしたい。

113 □《みなと》までいっしょに歩《ある》く。

114 フォークダンスの□《きょく》に合《あ》わせてダンスをおどる。

115 書道教室《しょどうきょうしつ》で落《お》ちていた筆《ふで》を□《ひろ》う。

116 人前《ひとまえ》で□《はっ》□《ぴょう》するのは□《にが》手《て》だ。

117 ひふみ学園《がくえん》の校《こう》□《しょう》。

118 パパは□《しょう》□《わ》生《う》まれ。

119 ほう□《ちょう》で□《ちょう》理《り》する。

120 □《ゆう》名《めい》な□《し》人《じん》が住《す》んでいた町《まち》。

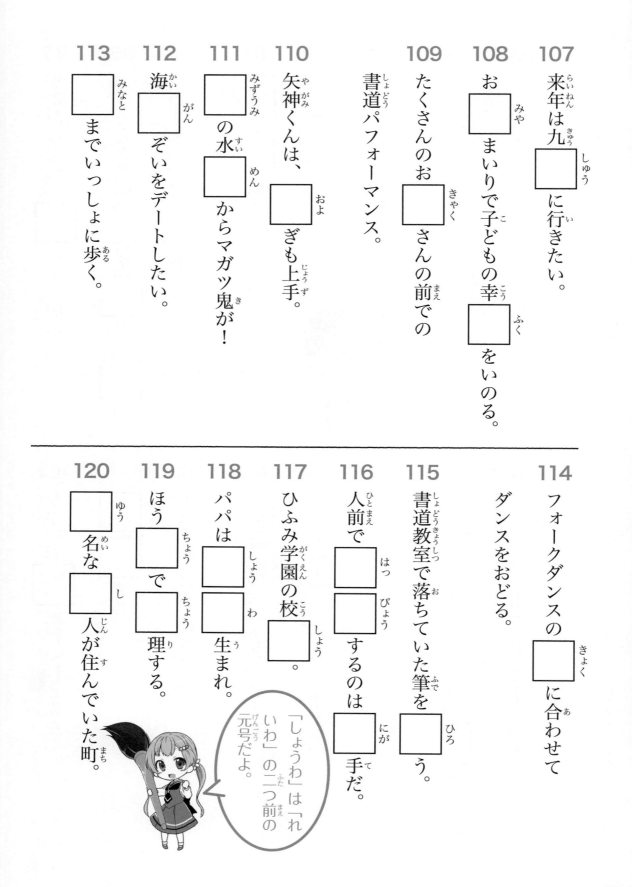

さがせ！ 最高《さいこう》のパートナー その3

みんなが習《なら》った漢字《かんじ》を
マガツ鬼《き》がバラバラにしちゃった！
私《わたし》にとっての矢神《やがみ》くんのように
それぞれの漢字《かんじ》の
パートナーを見《み》つけてね。

己　开　昜　寺

九　且　楽　門　艹

阝　亻　走　穴　力

パートナーを
見《み》つけた漢字《かんじ》を
書《か》こう！

答《こた》えは127ページにあるよ

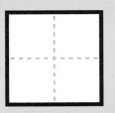

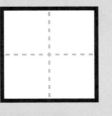

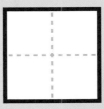

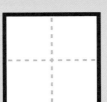

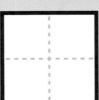

いみちぇん！修行《しゅぎょう》 その1

モモ！ミコトバヅカイとして
マガツ鬼《き》に負《ま》けないように、
いっしょに修行《しゅぎょう》をしよう。
まずはこの漢字《かんじ》から！　「苦《く》」！

みんなも私《わたし》といっしょに、漢字《かんじ》のパーツを変《か》えて、
別《べつ》の意味《いみ》の漢字《かんじ》にしてね。
漢字《かんじ》の読《よ》み方《かた》の一例《いちれい》をヒントに答《こた》えを導《みちび》き出《だ》してね。
最初《さいしょ》は私《わたし》がお手本《てほん》でいみちぇんするよ！

スタート！

苦 → 薬（ヤク） → 楽

くさかんむりだけ残《のこ》して…

↓

木（①バン） ← 坂 ← □（②ヘン）

「木《き》」をきへんにチェンジして…

あとは自分《じぶん》でがんばって！

↓

運 → □（③ツイ） → 遊

ゴール!!

答《こた》えは127ページにあるよ

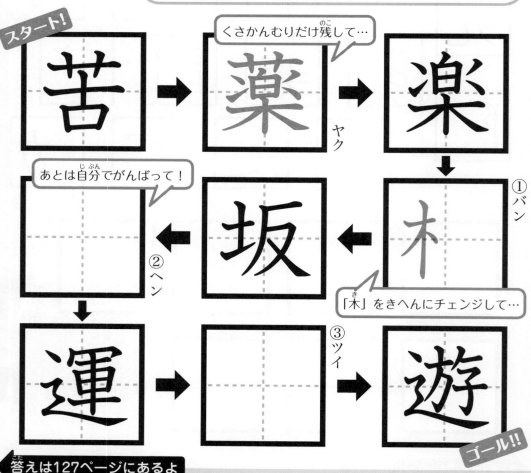

第《だい》四《よん》章《しょう》

小《しょう》学《がく》四《よ》年《ねん》生《せい》の漢《かん》字《じ》&矢《や》神《がみ》小《しょう》学《がく》四《よ》年《ねん》生《せい》のお話《はなし》

矢神《やがみ》
小学四年生《しょうがくよねんせい》

望月《もちづき》に願《ねが》いを

昼飯《ひるめし》のあと、おれは静《しず》かな物見台《ものみだい》にのぼって、手《て》すりにヒジを乗《の》せた。

里《さと》も山《やま》も、一面《いちめん》、春《はる》の雪景色《ゆきげしき》だ。きっと今年《ことし》最後《さいご》の雪《ゆき》になるだろう。

「……おれ、もうすぐココから出《で》て行《い》くのか」

つぶやいてみて、予想以上《よそういじょう》にその言葉《ことば》がむねの底《そこ》にずしっときた。

昨日《きのう》、長老《ちょうろう》によび出《だ》されて、思《おも》わぬ話《はなし》を伝《つた》えられた。

おれたちがずっと、さがし求《もと》めてた「い10主《あるじ》さま」が、見《み》つかったんだそうだ。

観察隊《かんさつたい》の調《しら》べによれば、い10主《あるじ》さまはおれと同《おな》い年《どし》らしい。

だからい11マガツ鬼《き》が動《うご》き出《だ》したら、おれが家臣《かしん》のパートナーに選《えら》ばれるだろうって。いつでも里《さと》を出発《しゅっぱつ》できる用意《ようい》をしておくようにと、命令《めいれい》も受《う》けた。

おれはグッとこぶしをにぎりしめる。

銀色《ぎんいろ》の鏡《かがみ》みたいな野原《のはら》で、クラスのやつらが、仲良《なかよ》く遊《あそ》んでる。

その中《なか》に、おれが最《もっと》も信《しん》らいする友達《ともだち》、い15航平《こうへい》のすがたも見《み》つけた。

さっきい10主《あるじ》さまの話《はなし》をしたら、あいつは初《はじ》めて、おれの前《まえ》で笑《え》みを消《け》した。

四年生《よねんせい》の漢字《かんじ》

飯→69ページ	静→68ページ
景→67ページ	最→67ページ
以→66ページ	底→69ページ
昨→67ページ	老→70ページ
伝→69ページ	求→66ページ
観→70ページ	察→67ページ
隊→68ページ	臣→68ページ
選→68ページ	令→70ページ
鏡→70ページ	仲→68ページ

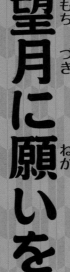

「おまえの努力《どりょく》が実《みの》ったの、祝《いわ》ってやりたいけど……、なんかさ、おまえだけ先《さき》に成長《せいちょう》して、子《こ》どもを卒業《そつぎょう》しちゃうみたいだな」

そう言《い》ったあいつの、いつもより低《ひく》い声《こえ》が耳《みみ》からはなれない。

おれはまた、息《いき》をついた。

すると遠《とお》くの航平《こうへい》がおれに気《き》がついて、手《て》を挙《あ》げ、大《おお》きく飛《と》び上《あ》がる。

「お～い、匠《たくみ》～！　雪合戦《ゆきがっせん》やろうぜー！」

周《まわ》りのやつらも、順番《じゅんばん》にこっちに向《む》かって手《て》をふりはじめる。

おれは熱《あつ》いような切《せつ》ないような気持《きも》ちがこみあげて、くちびるをかんだ。

「今《いま》、行《い》く！」

大声《おおごえ》で返《かえ》して、すぐさま物見台《ものみだい》のはしごを下《お》りた。


「うわっ、冷《つめ》てっ！」

白軍《しろぐん》の最後《さいご》に残《のこ》った一人《ひとり》、航平《こうへい》を標的《ひょうてき》にした雪球《ゆきだま》が、後《うし》ろ頭《あたま》に命中《めいちゅう》する！

赤軍《あかぐん》の兵《へい》を一人《ひとり》だけ、こっそり後《うし》ろに回《まわ》らせたんだ。

「完敗《かんぱい》！　匠《たくみ》が相手《あいて》じゃ不利《ふり》すぎんだろっ。競争《きょうそう》で勝《か》てるワケねぇじゃん！」

航平《こうへい》は頭《あたま》から雪《ゆき》まみれのまま、無念《むねん》そうにうなる。

「また続《つづ》き、リベンジしてこいよ」

言《い》った後《あと》で、おれはしまったと思《おも》った。

- 良→70ページ
- 達→68ページ
- 笑→68ページ
- 祝→68ページ
- 卒→68ページ
- 挙→66ページ
- 戦→68ページ
- 順→68ページ
- 冷→70ページ
- 残→67ページ
- 的→69ページ
- 完→66ページ
- 不→69ページ
- 競→70ページ
- 無→70ページ
- 続→68ページ
- 信→68ページ
- 初→68ページ
- 努→69ページ
- 成→68ページ
- 低→69ページ
- 飛→69ページ
- 周→68ページ
- 熱→70ページ
- 軍→67ページ
- 標→70ページ
- 兵→69ページ
- 敗→69ページ
- 利→70ページ
- 争→68ページ
- 念→69ページ

季節《きせつ》がめぐって、次《つぎ》の雪《ゆき》がふるとき、おれは、この里《さと》にはいない。

航平《こうへい》はどさっと雪《ゆき》の上《うえ》にすわった。おれも、となりにならぶ。

他《ほか》のヤツらはいつの間《ま》にか、積《つ》もった雪《ゆき》でかまくら作《づく》りを始《はじ》めてる。

「あ〜あっ、匠《たくみ》、行《い》っちゃうのかぁ。さびしいなぁ！」

航平《こうへい》がいきなりでっかい声《こえ》で、空《そら》にさけんだ。

おれはその声《こえ》を追《お》うように、目《め》を上《あ》げる。もう月《つき》が出《で》てる。時《とき》が進《すす》むのって、なんて早《はや》いんだろう。ずっと子《こ》どものままでいられる気《き》がしてたのに。

「……航平《こうへい》。『望《のぞ》む』の『望《ぼう》』っていう字《じ》は、遠《とお》い月《つき》を、人《ひと》がせのびして見《み》ようとしてるすがたなんだってな」

おれは月《つき》に向《む》かって、手《て》をかざす。指《ゆび》の間《あいだ》からもれる光《ひかり》がまぶしい。

おれの願《ねが》いは、望《のぞ》みは、決《き》まってる。ハジメ兄《にい》とキャンプした日《ひ》から、ずっと。

「おれは、主《あるじ》さまに必要《ひつよう》とされる文房師《ぶんぼうし》になりたい。今《いま》はせのびして、おまえたちと別《わか》れても、遠《とお》い月《つき》に手《て》をのばしてみたいんだ。……だから、ごめんな」

航平《こうへい》はヒザをかかえて、しばらくだまってた。

けど、いきなり手《て》をふりあげると、ばんっと、おれのせなかをたたく。

「わかってるよ！　差《さ》をつけられたけど、連《つ》れてけとか、やめろなんて言《い》わねぇから。おまえなら、どんだけ遠《とお》い月《つき》でもつかんで、ちゃんと『望月《もちづき》』にできる！　勇《ゆう》気《き》出《だ》して、行《い》ってこい、匠《たくみ》！」

季→66ページ
節→68ページ
積→70ページ
望→69ページ
願→70ページ
必→69ページ
要→70ページ
別→69ページ
差→67ページ
連→70ページ
勇→70ページ

『望《のぞ》み』を、『望月《もちづき》』……満月《まんげつ》に？　望《のぞ》みを、ちゃんとかなえられるって？

こうこうと照《て》る月《つき》を、目《め》に焼《や》きつける。あともう少《すこ》しで満《み》ちる、明《あか》るい月《つき》。

それからおれは、[い15]航平《こうへい》のせなかを同《おな》じくらいの強《つよ》さでたたき返《かえ》した。

「[い15]航平《こうへい》。また雪合戦《ゆきがっせん》やろうな」

「その約束《やくそく》、ずっと覚《おぼ》えてろよ、[い12]匠《たくみ》。おれもゼッタイわすれないから」

おれも[い15]航平《こうへい》も、泣《な》きそうになるのをごまかして、笑《わら》って、月《つき》を見上《みあ》げた。

思《おも》いっきりすいこんだ冬《ふゆ》の空気《くうき》は、清《きよ》らかで気持《きも》ちがいい。

早《はや》く会《あ》いたい。おれの[い10]主《あるじ》さまに。

満→69ページ　照→68ページ
焼→68ページ　約→70ページ
束→68ページ　覚→66ページ
泣→66ページ　清→68ページ

いみちぇん！用語《ようご》

4 文房師《ぶんぼうし》→25ページ
10 主《あるじ》さま→25ページ
11 マガツ鬼《き》（鬼《おに》）→25ページ
12 匠《たくみ》→25ページ
15 航平《こうへい》／ミコトバの里《さと》の子《こ》どもたちのリーダー。

小《しょう》学《がく》四《よ》年《ねん》生《せい》で習《なら》う漢《かん》字《じ》

漢字	おん	くん
愛	アイ	—
位	イ	くらい
栄	エイ	さか—える・▲は—え・▲は—える
億	オク	—
課	カ	—
械	カイ	—
覚	カク	おぼ—える・さ—ます・さ—める
管	カン	くだ
季	キ	—
泣	▲キュウ	な—く
案	アン	—
茨	—	いばら
媛	▲エン	—
加	カ	くわ—える・くわ—わる
芽	ガ	め
害	ガイ	—
潟	—	かた
関	カン	せき・かか—わる
旗	キ	はた
給	キュウ	—
以	イ	—
印	イン	しるし
塩	エン	しお
果	カ	は—たす・は—てる・は—て
賀	ガ	—
街	ガイ・▲カイ	まち
完	カン	—
岐	▲キ	—
器	キ	▲うつわ
挙	キョ	あ—げる・あ—がる
衣	イ	▲ころも
英	エイ	—
岡	—	おか
貨	カ	—
改	カイ	あらた—める・あらた—まる
各	カク	▲おのおの
官	カン	—
希	キ	—
求	キュウ	もと—める
漁	ギョ・リョウ	—

漢字	おん	くん
共	キョウ	とも
訓	クン	—
径	ケイ	—
結	ケツ	むす—ぶ・▲ゆ—う・▲ゆ—わえる
功	コウ・▲ク	—
康	コウ	—
最	サイ	もっと—も
昨	サク	—
参	サン	まい—る
氏	シ	▲うじ
治	ジ・チ	おさ—める・おさ—まる・なお—る・なお—す
協	キョウ	—
軍	グン	—
景	ケイ	—
建	ケン・▲コン	た—てる・た—つ
好	コウ	この—む・す—く
佐	サ	—
埼	—	さい
札	サツ	ふだ
産	サン	う—む・う—まれる・▲うぶ
司	シ	—
滋	▲ジ	—
極	キョク・▲ゴク	▲きわ—める・▲きわ—まる・▲きわ—み
郡	グン	—
芸	ゲイ	—
健	ケン	▲すこ—やか
香	▲コウ・▲キョウ	か・かお—り・かお—る
差	サ	さ—す
材	ザイ	—
刷	サツ	す—る
散	サン	ち—る・ち—らす・ち—らかす・ち—らかる
試	シ	こころ—みる・▲ため—す
辞	ジ	▲や—める
熊	—	くま
群	グン	む—れる・む—れ・むら
欠	ケツ	か—ける・か—く
固	コ	かた—める・かた—まる・かた—い
候	コウ	▲そうろう
菜	サイ	な
崎	—	さき
察	サツ	—
残	ザン	のこ—る・のこ—す
児	ジ・▲ニ	—
鹿	—	しか・か

漢字	おん	くん
失	シツ	うしな-う
祝	シュク・▲シュウ	いわ-う
笑	▲ショウ	わら-う・▲え-む
城	ジョウ	しろ
井	▲セイ・▲ショウ	い
静	セイ・▲ジョウ	しず・しず-か・しず-まる・しず-める
説	セツ・▲ゼイ	と-く
然	ゼン・ネン	—
束	ソク	たば
孫	ソン	まご
単	タン	—

漢字	おん	くん
借	シャク	か-りる
順	ジュン	—
唱	ショウ	とな-える
縄	▲ジョウ	なわ
成	セイ・▲ジョウ	な-る・な-す
席	セキ	—
浅	▲セン	あさ-い
争	ソウ	あらそ-う
側	ソク	がわ
帯	タイ	お-びる・おび
置	チ	お-く

漢字	おん	くん
種	シュ	たね
初	ショ	はじ-め・はじ-めて・はつ・▲うい・▲そ-める
焼	▲ショウ	や-く・や-ける
臣	シン・ジン	—
省	セイ・ショウ	▲かえり-みる・はぶ-く
折	セツ	お-る・おり・お-れる
戦	セン	▲いくさ・たたか-う
倉	ソウ	くら
続	ゾク	つづ-く・つづ-ける
隊	タイ	—
仲	▲チュウ	なか

漢字	おん	くん
周	シュウ	まわ-り
松	ショウ	まつ
照	ショウ	て-る・て-らす・て-れる
信	シン	—
清	セイ・▲ショウ	きよ-い・きよ-まる・きよ-める
節	セツ・▲セチ	ふし
選	セン	えら-ぶ
巣	▲ソウ	す
卒	ソツ	—
達	タツ	—
沖	▲チュウ	おき

漢字	おん	くん
兆	チョウ	▲きざ-す・▲きざ-し
典	テン	—
灯	トウ	▲ひ
栃	—	とち
敗	ハイ	やぶ-れる
飯	ハン	めし
不	フ・ブ	—
阜	フ	—
別	ベツ	わか-れる
包	ホウ	つつ-む
末	マツ・▲バツ	すえ
低	テイ	ひく-い・ひく-める・ひく-まる
伝	デン	つた-わる・つた-える・つた-う
働	ドウ	はたら-く
奈	ナ	—
梅	バイ	うめ
飛	ヒ	と-ぶ・と-ばす
夫	フ・▲フウ	おっと
富	フ・▲フウ	と-む・とみ
辺	ヘン	あた-り・べ
法	ホウ・▲ハッ・▲ホッ	—
満	マン	み-ちる・み-たす
底	テイ	そこ
徒	ト	—
特	トク	—
梨	—	なし
博	ハク・▲バク	—
必	ヒツ	かなら-ず
付	フ	つ-ける・つ-く
副	フク	—
変	ヘン	か-わる・か-える
望	ボウ・▲モウ	のぞ-む
未	ミ	—
的	テキ	まと
努	ド	つと-める
徳	トク	—
念	ネン	—
阪	▲ハン	—
票	ヒョウ	—
府	フ	—
兵	ヘイ・ヒョウ	—
便	ベン・ビン	たよ-り
牧	ボク	▲まき
民	ミン	▲たみ

漢字	おん	くん
無	ム・ブ	な―い
浴	ヨク	あ―びる・あ―びせる
料	リョウ	―
例	レイ	たと―える
観	カン	―
議	ギ	―
験	ケン・▲ゲン	―
標	ヒョウ	―
類	ルイ	たぐ―い
約	ヤク	―
利	リ	▲き―く
量	リョウ	はか―る
連	レン	つら―なる・つら―ねる・つ―れる
願	ガン	ねが―う
鏡	キョウ	かがみ
積	セキ	つ―む・つ―もる
養	ヨウ	やしな―う
録	ロク	―
勇	ユウ	いさ―む
陸	リク	―
令	レイ	―
老	ロウ	お―いる・▲ふ―ける
機	キ	▲はた
競	キョウ・ケイ	▲きそ―う・▲せ―る
熱	ネツ	あつ―い
輪	リン	わ
要	ヨウ	かなめ・▲い―る
良	リョウ	よ―い
冷	レイ	つめ―たい・ひ―える・ひ―や・ひ―やす・ひ―やかす・さ―める・さ―ます
労	ロウ	―

小学《しょうがく》四年生《よねんせい》で習《なら》う漢字《かんじ》［二百二字《にひゃくにじ》］テスト

1 モモの□《あい》読書《どくしょ》が『面白難解漢字《おもしろなんかいかんじ》□《じ》□《てん》』だということはみんなにひみつ。

2 □《か》わったヤツだと思《おも》われる。

3 先《せん》ぞ代々《だいだい》□《つた》わる話《はなし》。

4 和紙《わし》を作《つく》る□《ざい》□《りょう》。

5 □《るい》は友《とも》をよぶ。

6 リオはいつか□《げい》のう人《じん》になりたい。

「るいは友《とも》をよぶ」は似《に》たものどうしは自然《しぜん》に集《あつ》まるという意味《いみ》だよ。

---

7 いつも□《れい》□《せい》なリオ。

8 お日《ひ》さまみたいに明《あか》るく□《わら》う。

9 白《しろ》□《ふだ》でマガツ鬼《き》を□《ち》らす。

10 桃花《とうか》をお□《きよ》めする。

11 矢神《やがみ》くんと□《はじ》めて会《あ》った日《ひ》。

12 □《しっ》□《ぱい》をおそれない。

13 術《じゅつ》を何度《なんど》も□《こころ》みる。

14 平安時代《へいあんじだい》の□《い》服《ふく》をまとった、千方《ちかた》センパイ。

15 雪花《せっか》を大切《たいせつ》に□《かん》理《り》する。

16 □《なか》□《よ》しの友《とも》だち。

17 わたしと矢神《やがみ》くんに、お役目《やくめ》□《い》上《じょう》の□《かん》係《けい》なんてない。

18 □《がい》□《とう》が、とつ□《ぜん》消《き》える。

19 リオのこきゅうが□《あさ》くなる。

---

20 放《ほう》□《か》後《ご》にオバケ屋《や》しきのチラシ作《づく》り。

21 手書《てが》きにすると、□《いん》□《さつ》するより味《あじ》が出《で》る。

22 みんなで食《た》べるご□《はん》はおいしい。

23 鬼《おに》との戦《たたか》いは□《いばら》の道《みち》だ。

24 モモに見《み》せたかった風《ふう》□《けい》。

25 □《き》□《かい》で硯《すずり》を作《つく》る。

26 □《とも》に戦《たたか》うパートナー。

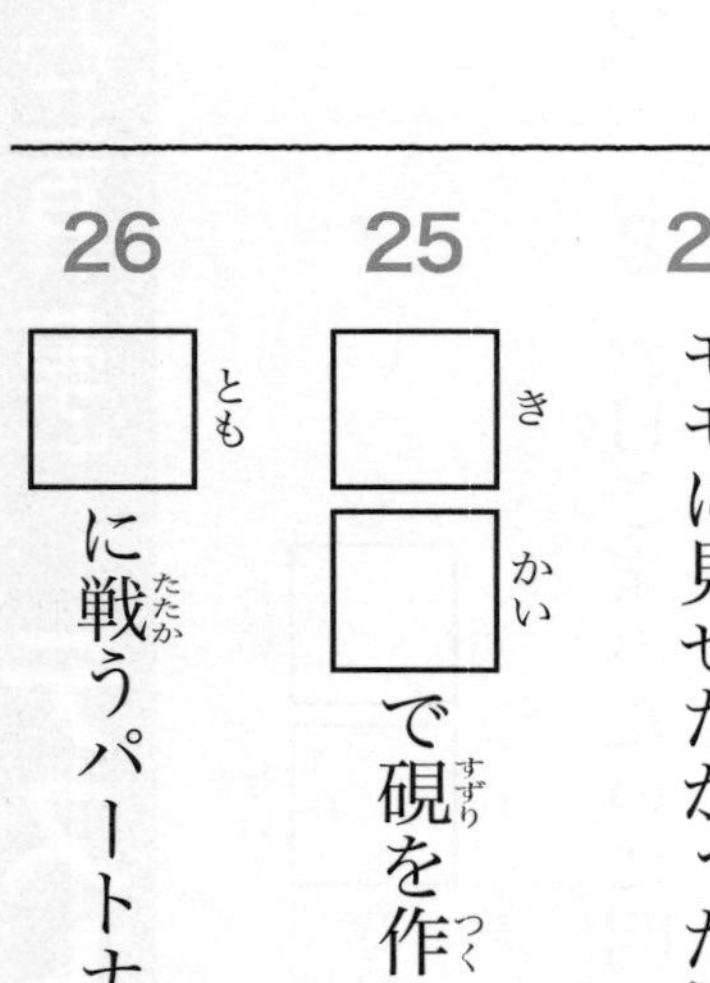
この「きかい」は
チャンスという
意味《いみ》じゃないぞ。

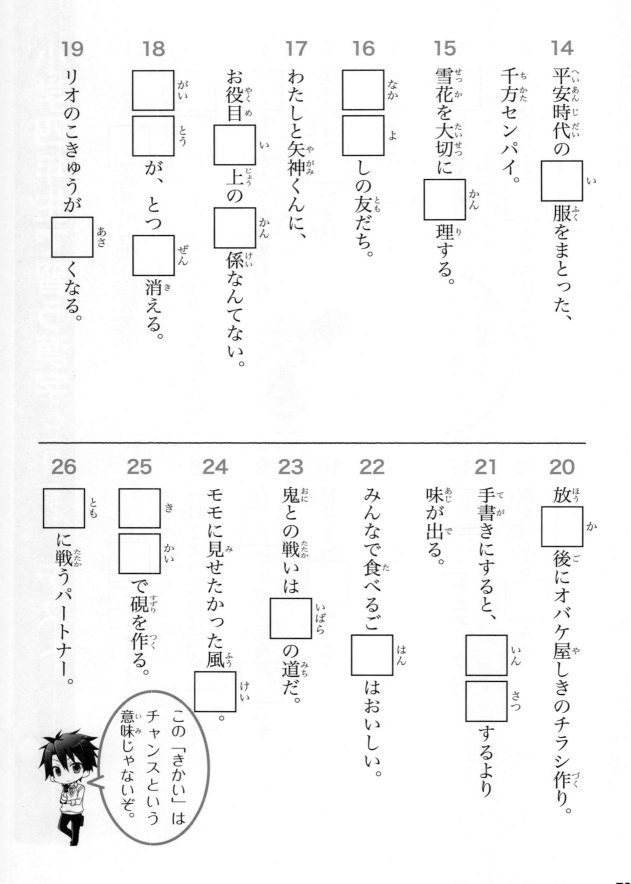

27 マガツ鬼《き》の大《たい》□《ぐん》があらわれる。

28 矢神《やがみ》くんは、ミコトバの里《さと》の長《ちょう》□《ろう》さまの□《まご》。

29 矢神家《やがみけ》の中庭《なかにわ》にある、□《まつ》と□《うめ》の木《き》。

30 □《さい》玉《たま》まで車《くるま》で行《い》く。

31 手《て》を□《さ》しのべてくれるパートナー。

32 ミコトバの里《さと》を□《あん》内《ない》してもらう。

33 花《はな》のよい□《かお》りがする。

この「ろう」は「お年寄《としよ》り」という意味《いみ》だよ。

34 史《ふみ》さんが□《はたら》くところを見《み》る。

35 類《るい》は漢字力《かんじりょく》の、モモはてきに対《たい》しての意《い》しき□《かい》かくが□《ひつ》□《よう》だ。

36 言《い》い出《だ》しっぺの□《ほう》そくで、モモが「文字《もじ》そうだつゲーム」の□《せつ》明《めい》をする。

37 □《へい》□《き》としてマガツ鬼《き》をあつかう。

38 愛《え》□《ひめ》はみかん、□《おか》山《やま》はももの産地《さんち》。

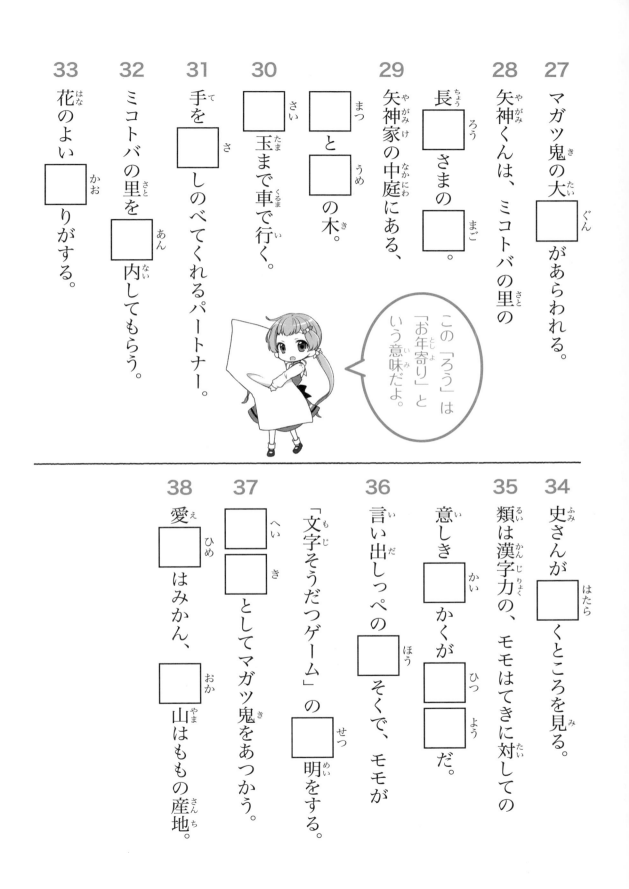

39 クリスマスパーティーの□《し》会《かい》はリオ。

40 □《ぎ》□《ふ》県《けん》の見所《みどころ》を語《かた》る。

41 センパイはかん□《たん》にはたおせない。

42 みんなから□《まと》外《はず》れだと思《おも》われたくない。

43 □《な》良《ら》の道《みち》を歩《ある》いていたら、
とつぜん□《しか》が□《と》び出《だ》してきた。

44 □《くま》本《もと》□《じょう》を見《み》に行《い》く。

45 モモは文化祭《ぶんかさい》のカゲの□《こう》□《ろう》者《しゃ》。

---

46 センパイの妹《いもうと》はようち園《えん》□《じ》だ。

47 とかしたチョコを型《かた》に流《なが》し□《かた》めたら、
バレンタインチョコの□《かん》□《せい》。

48 類《るい》の一言《ひとこと》で、目《め》が□《さ》めた。

49 矢神《やがみ》くんは
学年一《がくねんいち》モテる生《せい》□《と》。

50 ミコトバの□《たつ》人《じん》が呪文《じゅもん》を□《とな》える。

51 「星《ほし》」のカードは□《き》□《ぼう》を表《あらわ》す。

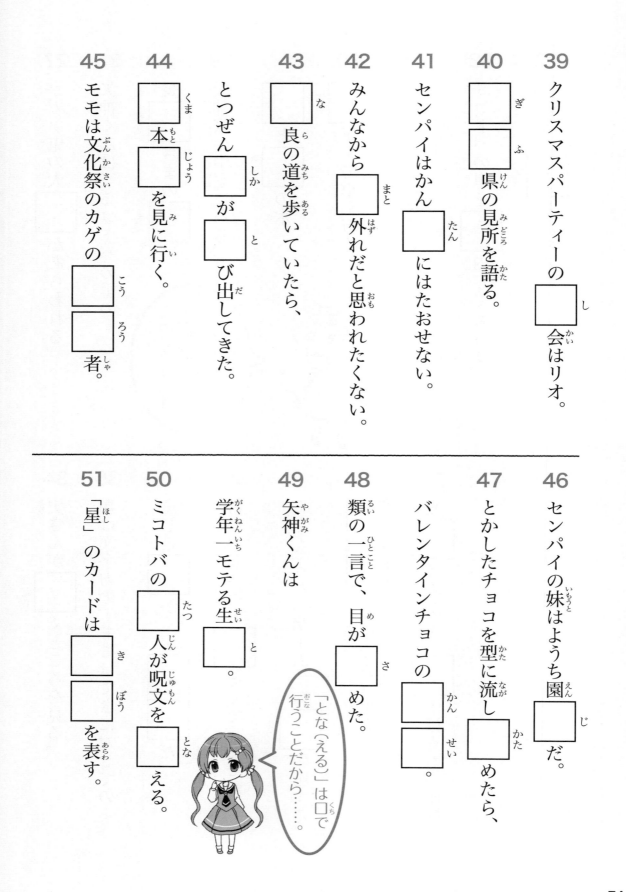

52 うらないの□《じゅん》番《ばん》がまわってくる。

53 二人《ふたり》の□《けつ》□《まつ》を表《あらわ》すというカード。

54 予言《よげん》された□《み》来《らい》にドキドキする。

55 究《きゅう》□《きょく》の文房師《ぶんぼうし》を目指《めざ》す。

56 ダンボールが大《たい》□《りょう》に□《つ》み上《あ》げられた□《そう》庫《こ》に、とじこめられる。

57 こわばった顔《かお》で□《まわ》りを見《み》わたす。

58 類《るい》が山《やま》□《なし》へ帰《かえ》るなんて、□《ざん》□《ねん》だ。

---

59 手紙《てがみ》をチョコの□《つつ》み紙《がみ》にはさみこむ。

60 □《そつ》業《ぎょう》までいっしょにいられる。

61 □《い》戸《ど》水《みず》を飲《の》む。

62 矢神《やがみ》くんはハジメさんより身長《しんちょう》が□《ひく》い。

63 □《さく》日《じつ》の運動会《うんどうかい》の□《えい》ゆうは矢神《やがみ》くん。

64 ミコトバヅカイについての記《き》□《ろく》。

65 入《はい》りたい部活《ぶかつ》に手《て》を□《あ》げる。

66 □《し》賀《が》の湖《みずうみ》は日本《にほん》□《さい》大《だい》。

67 反《はん》□《せい》して、硯《すずり》をみがく。

68 □《さ》□《が》で□《ねつ》気《き》球《きゅう》の大会《たいかい》がある。

69 カゼが早《はや》く□《なお》るように、□《えい》□《よう》のあるものを食《た》べさせる。

70 矢神《やがみ》くんのすがたをコッソリ□《かん》□《さつ》。

71 春《はる》は出会《であ》いと□《わか》れの□《き》□《せつ》。

72 たん生日《じょうび》□《いわ》いにもらった、ももの花《はな》のネックレス。

---

73 矢神《やがみ》くんといっしょに□《おき》□《なわ》の海《うみ》で泳《およ》ぎたい。

74 中等部《ちゅうとうぶ》の部活動《ぶかつどう》に体《たい》□《けん》□《さん》□《か》する。

75 ミコトバヅカイ同士《どうし》、□《きょう》力《りょく》して□《たたか》いたい。

76 □《や》きたてクッキーを皿《さら》に入《い》れる。

77 「主《あるじ》さまの命《めい》□《れい》よ！」

78 救《すく》いを□《もと》めるリオ。

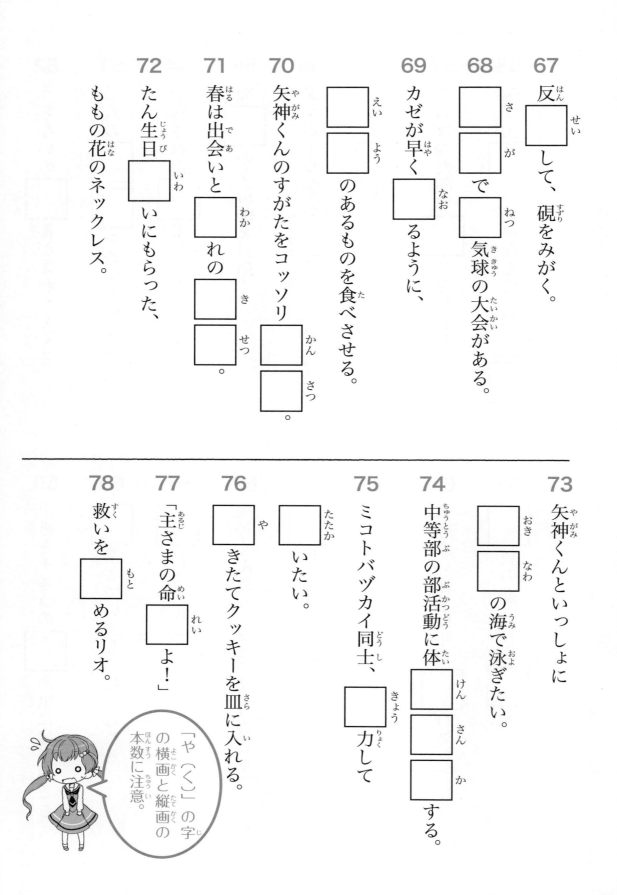

「や〔く〕」の字《じ》の横画《よこかく》と縦画《たてかく》の本数《ほんすう》に注意《ちゅうい》。

79 矢神《やがみ》くんは、今日《きょう》も□《けっ》□《せき》。

80 □《はた》にスローガンを書《か》く。

81 □《な》いた後《あと》に□《かがみ》を見《み》て、びっくり！

82 矢神《やがみ》くんが桃花《とうか》を□《お》るなんて□《しん》じられない。

83 矢神《やがみ》くんが自分《じぶん》ですてた、パートナーの立《た》ち□《い》□《ち》。

84 矢神《やがみ》くんは人《じん》□《とく》もある。

85 □《せん》ばつリレーで、□《きょう》走《そう》だ！

86 運動会《うんどうかい》の□《いさ》ましいおうえん□《たい》員《いん》。

87 矢神《やがみ》くんのことが□《す》き。

88 矢神《やがみ》くんとの□《やく》□《そく》。

89 マガツ鬼《き》があらわれる前《ぜん》□《ちょう》。

90 半《はん》□《けい》一《いち》メートル以内《いない》に近《ちか》づくと、□《て》れて顔《かお》が赤《あか》くなる。

91 □《とち》の実《み》を拾《ひろ》った。

92 オリエンテーリングで、□《かく》はんにし□《きゅう》された地図《ちず》。

93 深《ふか》い谷《たに》□《ぞこ》を見《み》て、動《うご》けなくなる。

94 バーベキューの肉《にく》を□《しお》で味《あじ》□《つ》け。

95 肉《にく》ばっかりじゃなくて野《や》□《さい》も食《た》べないと、リオにおこられる。

96 長《なが》□《さき》のカステラを買《か》う。

97 旅館《りょかん》の大《だい》□《よく》場《じょう》でシャワーを□《か》りる。

---

98 男子《だんし》の□《わ》の真《ま》ん中《なか》に矢神《やがみ》くんがいる。

99 「家《か》□《しん》がいちいち口《くち》を出《だ》すなよ。」

100 モモの家《いえ》の近《ちか》くのざっ□《か》屋《や》で売《う》っている、ご当地《とうち》フデマメくん。

101 □《か》実《じつ》の名前《なまえ》がついた、陽太《ようた》くんちの五羽《ごわ》のうさぎ。

102 けい□《たい》電話《でんわ》は□《べん》□《り》だ。

103 □《ふ》平《へい》□《ふ》□《まん》が、マガゴトになる。

104 □《おっと》が千方《ちかた》センパイなんて考《かんが》えられない。

105 今日《きょう》のホームルームの□《ぎ》題《だい》は「クリスマスパーティーについて」。

106 書道《しょどう》の才能《さいのう》に□《と》む。

107 五階《ごかい》□《だ》ての赤《あか》レンガの校《こう》しゃ。

108 「有《ゆう》□《がい》」を「□《む》□《がい》」にいみちぇん！

109 こい心《ごころ》が□《め》生《ば》える。

110 初《はつ》もうで。神社《じんじゃ》でお□《ねが》いごとをする。

---

111 □《ど》力《りょく》して一人前《いちにんまえ》の文房師《ぶんぼうし》になることが、依《より》ちゃんと樹《いつき》くんの目《もく》□《ひょう》。

112 □《ふく》委員長《いいんちょう》を投《とう》□《ひょう》で決《き》める。

113 三重県《みえけん》の□《ぐん》部《ぶ》にある、ミコトバの里《さと》。

114 □《れい》年《ねん》、この時期《じき》にある家族旅行《かぞくりょこう》。

115 うら□《がわ》に見《み》える山《やま》。

116 里《さと》のざい□《さん》を守《まも》る。

117 里《さと》には□《ぼく》場《じょう》もある。

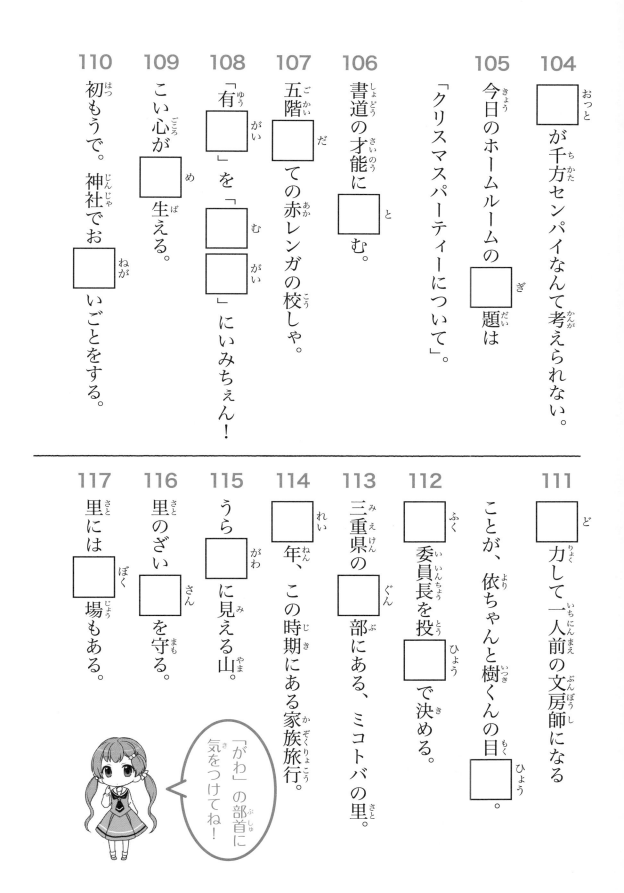

118 術《じゅつ》の□《れん》□《ぞく》ノックで□《とっ》□《くん》。

119 みんなやさしい、里《さと》の住《じゅう》□《みん》。

120 天《てん》□《こう》のいい日《ひ》に、畑《はたけ》に□《たね》を植《う》える。

121 うさぎのマガツ鬼《き》が□《す》にかくれる。

122 漢字《かんじ》テストに□《し》名《めい》を書《か》く。

123 海《うみ》□《べ》で□《りょう》をする。

124 干《ひ》□《がた》の小《ちい》さな生《い》き物《もの》。

125 けい察《さつ》□《かん》になりたい。

---

126 二千《にせん》□《おく》あるといわれている、夜空《よぞら》の星《ほし》。

127 次《つぎ》は□《はく》物館《ぶつかん》でデートがしたい。

128 飛行機《ひこうき》が空港《くうこう》に着《ちゃく》□《りく》する。

129 みんなにずっと□《けん》□《こう》でいてほしい。

130 大《おお》□《さか》□《ふ》に旅行《りょこう》する。

131 ひふみ学園《がくえん》の、美女《びじょ》□《ぐん》だん。

132 矢神《やがみ》くんをめぐって女子《じょし》が□《あらそ》う。

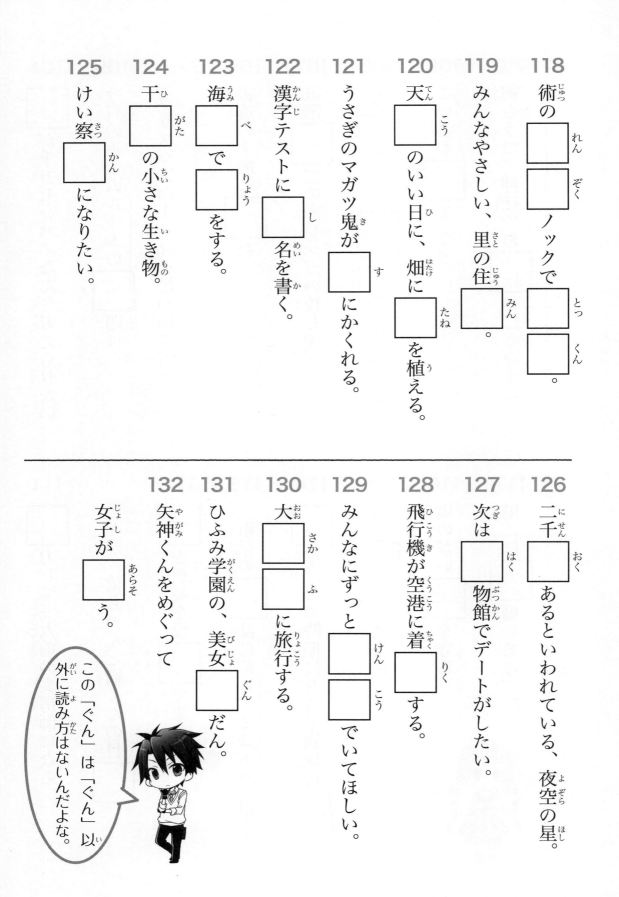

さがせ！ 最高《さいこう》の パートナー その4

みんなが習《なら》った漢字《かんじ》を
マガツ鬼《き》がバラバラにしちゃった！
私《わたし》にとっての矢神《やがみ》くんのように
それぞれの漢字《かんじ》の
パートナーを見《み》つけてね。

侖	し	𠂤	古	帀
	关	合	木	車
刂	口	糸	門	卩

パートナーを
見《み》つけた漢字《かんじ》を
書《か》こう！

答《こた》えは127ページにあるよ

いみちぇん！修行《しゅぎょう》 その2

モモ！ミコトバヅカイとして
マガツ鬼《き》に負《ま》けないように、
いっしょに修行《しゅぎょう》をしよう。
まずはこの漢字《かんじ》から！「害《がい》」！

みんなも私《わたし》といっしょに、漢字《かんじ》のパーツを変《か》えて、
別《べつ》の意味《いみ》の漢字《かんじ》にしてね。
漢字《かんじ》の読《よ》み方《かた》の一例《いちれい》をヒントに答《こた》えを導《みちび》き出《だ》してね。
最初《さいしょ》は私《わたし》がお手本《てほん》でいみちぇんするよ！

スタート！

うかんむりだけ残《のこ》して…

害 →	案（アン） →	果 ↓
↓ ②クン ←	信 ←	①カ 果
順 →	③ルイ →	願

あとは自分《じぶん》でがんばって！

次《つぎ》の文字《もじ》の中《なか》にヒントがあるよ

ゴール!!

答《こた》えは127ページにあるよ

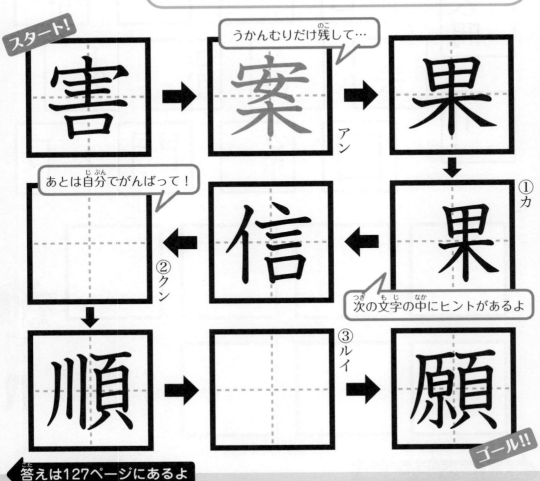

第五章《だいごしょう》

小学五年生《しょうがくごねんせい》の漢字《かんじ》 & モモ・矢神《やがみ》 小学五年生《しょうがくごねんせい》のお話《はなし》

モモ・矢神《やがみ》
小学五年生《しょうがくごねんせい》

人面牛《じんめんうし》、現《あらわ》る！

商店街《しょうてんがい》の、混雑《こんざつ》してる洋品店《ようひんてん》。

その試着室《しちゃくしつ》のカゲで、きょろきょろとフシンな動《うご》きをしてるのは——、[い16]直毘《なおび》モモ、小学五年生《しょうがくごねんせい》。おれの、ミコトバヅカイの[い10]主《あるじ》さまだ。

転校《てんこう》してきたばかりのおれの体操着《たいそうぎ》を買《か》うため、学校指定《がっこうしてい》の洋品店《ようひんてん》を教《おし》えてくれる——って約束《やくそく》でここまで来《き》たんだが。モモは常《つね》にこの調子《ちょうし》だ。

「[い3]矢神《やがみ》くんと二人《ふたり》で買《か》い物《もの》なんて、だれかに見《み》られたら、わたし暗殺《あんさつ》されちゃうよ。ココで独《ひと》りで待《ま》ってるから、[い3]矢神《やがみ》くん、いってらっしゃいっ！」

モモはそう言《い》って、今度《こんど》は婦人服《ふじんふく》のタナのうらにかくれる。

おれは「[い10]主《あるじ》さま」とのあまりに慣《な》れないキョリ感《かん》に、ひそかに息《いき》をつく。

と、その時《とき》。ま後《うし》ろにブワッと[い17]邪気《じゃき》がふくらむのを感《かん》じた。

「カ、カバッ!? 飼《か》いカバ、じゃないよね!?」

モモがおとなしい性格《せいかく》に似合《にあ》わない、大声《おおごえ》をあげる。

商品《しょうひん》の間《あいだ》から、ノソッと現《あらわ》れたのは、まごうことなきカバだ。

五年生《ごねんせい》の漢字《かんじ》

混→89ページ	雑→92ページ
常→90ページ	殺→89ページ
独→91ページ	婦→91ページ
慣→91ページ	飼→92ページ
性→90ページ	格→88ページ
似→89ページ	現→89ページ

ずんぐり太《ふと》い足《あし》に、どっしり重《おも》たそうな大《おお》きな体《からだ》。険《けわ》しい目《め》。

こんな商店街《しょうてんがい》のど真《ま》ん中《なか》に、邪気《じゃき》をまとったカバ。

こいつ、人間《にんげん》のワルい言葉《ことば》から生《う》まれた鬼《おに》——、マガツ鬼《き》だ！

「モモ、御筆《みふで》を取《と》れ！」

さけぶと、絶句《ぜっく》していたモモは、ポケットに備《そな》えた御筆《みふで》・桃花《とうか》をぬきとる。

ミコトバヅカイだけが使《つか》える、言葉《ことば》のチカラを宿《やど》した筆《ふで》、桃花《とうか》。

その時《とき》、試着室《しちゃくしつ》のカーテンがジャッと開《ひら》いた。

肥《こ》えた体型《たいけい》のおじさんが、牛《うし》がらのシャツを着《き》て、妻《つま》に評価《ひょうか》を求《もと》める。

「綿製品《めんせいひん》で、なかなか快適《かいてき》だよ。どうかな、似合《にあ》う？」

一方《いっぽう》、カバが開《あ》けた大口《おおぐち》の中《なか》、黒《くろ》いモヤがみるみる五角形《ごかくけい》の札《ふだ》に変化《へんか》する。

「モモ、早《はや》く札《ふだ》を！」

「えっ、あ、うんっ！」

だが間《ま》に合《あ》わない！　カバが投《な》げた札《ふだ》が、おじさんのシャツにはりついた！

黒札《くろふだ》が赤《あか》い光《ひかり》を放《はな》つと、おじさんは、人《ひと》の頭《あたま》に牛《うし》の体《からだ》の化物《ばけもの》に変身《へんしん》した。

その人面牛《じんめんうし》はタナをひっくり返《かえ》し、商品《しょうひん》の織物《おりもの》の布《ぬの》を破《やぶ》りだす。

おい、犯罪《はんざい》だぞ！

「矢神《やがみ》くん、わたし見《み》えた！　あの黒札《くろふだ》、件《くだん》って書《か》いてあった！」

険→89ページ
句→88ページ
肥→91ページ
妻→89ページ
価→88ページ
製→92ページ
適→90ページ
布→91ページ
犯→91ページ
件→89ページ
絶→90ページ
備→91ページ
型→89ページ
評→91ページ
綿→91ページ
快→88ページ
織→92ページ
破→91ページ
罪→89ページ

「『牛《うし》』シャツを着《き》た『人《ひと》』を、人《ひと》を現《あらわ》す『イ《にんべん》』たす『牛《うし》』で、人面牛《じんめんうし》のようかい、件《くだん》にしたのか！」

客《きゃく》がパニック状態《じょうたい》で、にげまどう。暴《あば》れる人《ひと》びとに、おれは対応《たいおう》しきれない。これじゃ、カバのコウゲキを防《ふせ》いで護衛《ごえい》するのはむずかしいぞ。

モモは「救出《きゅうしゅつ》しなきゃ」と、潔《いさぎよ》い、確《たし》かな意志《いし》の在《あ》る強《つよ》い眼《め》になった。

——そうだ。これだ。これが「主《あるじ》さま」の眼《め》だ。

「任《まか》せたぞ」と札《ふだ》をわたすと、モモはすぐさま精神統一《せいしんとういつ》し、筆《ふで》を走《はし》らせる。

「ミコトバヅカイの名《な》において、桃花寿《とうかことほ》ぐ、コトバのチカラ！」

術《じゅつ》の呪文《じゅもん》と共《とも》に、モモが放《はな》った札《ふだ》が、件《くだん》に命中《めいちゅう》する！

そしてもう一《いち》まい、同時《どうじ》に投《な》げ放《はな》っていた札《ふだ》は、カバ目《め》がけて飛《と》んでいく！

油断《ゆだん》していたカバの額《ひたい》に札《ふだ》がはりつく。もうもうとケムリが立《た》った。

やがて現《あらわ》れたのは、手《て》を合《あ》わせてほほ笑《え》む、さっきのおじさん。

そしてその足《あし》もとには、ふき飛《と》ばされそうなほど小《ちい》さな、足《あし》の長《なが》い虫《むし》。

「件《くだん》は仏《ほとけ》にして、河馬《かば》は『水《みず》の馬《うま》』……水馬《あめんぼ》にしたの」

おじさんの仏《ほとけ》のような尊《とうと》いオーラに、妻《つま》は夢《ゆめ》にでも迷《まよ》いこんだような表情《ひょうじょう》だ。

……小一時間《こいちじかん》も経過《けいか》すれば、術《じゅつ》の効果《こうか》も切《き》れて元《もと》にもどるだろうが。あめん

状→90ページ
態→92ページ
暴→91ページ
応→88ページ
防→91ページ
護→92ページ
衛→91ページ
救→88ページ
潔→89ページ
確→88ページ
志→89ページ
在→89ページ
眼→88ページ
任→91ページ
精→92ページ
統→90ページ
術→90ページ
断→90ページ
額→91ページ
仏→91ページ
河→88ページ
夢→91ページ
迷→91ページ
情→90ページ
経→89ページ
過→88ページ
効→89ページ

ぼになった[い11]**マガツ鬼《き》**のほうも、チカラの**限**界《げんかい》で、じきに消《き》えるはずだ。

「すごいな。ちゃんとみんなを守《まも》った」

心《こころ》からの感想《かんそう》を**告**《つ》げると、モモが**喜**《よろこ》びにパッと顔《かお》をほころばせた。

そのふいうちの笑顔《えがお》に、おれはなぜかドキリとした。

今《いま》のモモの笑顔《えがお》――、どこかで見《み》た気《き》がする。

おれはフシギな気持《きも》ちになりつつも、むねをなでおろすモモに笑《え》みをむけた。

さすがは、おれが信《しん》らいを**寄**《よ》せる[い10]**主《あるじ》さま**だ。

限↓89ページ　告↓89ページ
喜↓88ページ　寄↓88ページ

い みちぇん！用語《ようご》

3 **矢神《やがみ》**↓25ページ
10 **主《あるじ》さま**↓25ページ
11 **鬼《おに》・マガツ鬼《き》**↓25ページ
13 **術《じゅつ》**↓25ページ
14 **札《ふだ》**↓25ページ
16 **直毘《なおび》**／モモの名字《みょうじ》。直毘家《なおびけ》の当主《とうしゅ》は代々《だいだい》ミコトバヅカイとしてお役目《やくめ》を果《は》たしてきた。
17 **邪気《じゃき》**／マガゴトを話《はな》す人間《にんげん》から出《で》る悪《わる》い気《き》。
18 **御筆《みふで》** 19 **桃花《とうか》**／ミコトバヅカイの武器《ぶき》。
20 **桃花寿《とうかことほ》ぐ** 21 **呪文《じゅもん》**／ミコトバの術《じゅつ》を使《つか》うときに唱《とな》える呪文《じゅもん》。

小学《しょうがく》五年生《ごねんせい》で習《なら》う漢字《かんじ》

漢字	おん	くん
圧	アツ	—
永	エイ	なが—い
液	エキ	—
桜	▲オウ	さくら
河	カ	かわ
格	カク・▲コウ	—
眼	ガン・▲ゲン	▲まなこ
規	キ	—
久	キュウ・▲ク	ひさ—しい
許	キョ	ゆる—す

漢字	おん	くん
囲	イ	かこ—む・かこ—う
営	エイ	いとな—む
演	エン	—
可	カ	—
過	カ	す—ぎる・す—ごす・▲あやま—つ・▲あやま—ち
確	カク	たし—か・たし—かめる
紀	キ	—
喜	キ	よろこ—ぶ
旧	キュウ	—
均	キン	—

漢字	おん	くん
移	イ	うつ—る・うつ—す
易	エキ・イ	やさ—しい
応	オウ	こた—える
仮	カ・▲ケ	かり
快	カイ	こころよ—い
刊	カン	—
基	キ	▲もと・▲もとい
技	ギ	▲わざ
救	キュウ	すく—う
禁	キン	—

漢字	おん	くん
因	イン	▲よ—る
益	エキ・▲ヤク	—
往	オウ	—
価	カ	▲あたい
解	カイ・▲ゲ	と—く・と—かす・と—ける
幹	カン	みき
寄	キ	よ—る・よ—せる
逆	ギャク	さか・さか—らう
居	キョ	い—る
句	ク	—

漢字	おん	くん
型	ケイ	かた
険	ケン	けわ-しい
減	ゲン	へ-る・へ-らす
厚	▲コウ	あつ-い
構	コウ	かま-える・かま-う
再	サイ・サ	ふたた-び
際	サイ	▲きわ
殺	サツ・▲サイ・▲セツ	ころ-す
史	シ	—
資	シ	—
舎	シャ	—
経	ケイ・▲キョウ	へ-る
検	ケン	—
故	コ	▲ゆえ
耕	コウ	たがや-す
告	コク	つ-げる
災	サイ	▲わざわ-い
在	ザイ	あ-る
酸	サン	▲す-い
志	シ	こころざ-す・こころざし
示	ジ・▲シ	しめ-す
授	ジュ	▲さず-ける・▲さず-かる
潔	ケツ	▲いさぎよ-い
限	ゲン	かぎ-る
個	コ	—
航	コウ	—
混	コン	ま-じる・ま-ざる・ま-ぜる・こ-む
妻	サイ	つま
財	ザイ・▲サイ	—
士	シ	—
枝	▲シ	えだ
似	▲ジ	に-る
修	シュウ・▲シュ	おさ-める・おさ-まる
件	ケン	—
現	ゲン	あらわ-れる・あらわ-す
効	コウ	き-く
鉱	コウ	—
査	サ	—
採	サイ	と-る
罪	ザイ	つみ
支	シ	ささ-える
師	シ	—
質	シツ・▲シチ・▲チ	—
述	ジュツ	の-べる

漢字	おん	くん
術	ジュツ	—
証	ショウ	—
状	ジョウ	—
性	セイ・▲ショウ	—
責	セキ	せ—める
祖	ソ	—
像	ゾウ	—
属	ゾク	—
団	ダン・▲トン	—
停	テイ	—
統	トウ	▲す—べる
準	ジュン	—
象	ショウ・ゾウ	—
常	ジョウ	つね・▲とこ
政	セイ・▲ショウ	▲まつりごと
接	セツ	▲つ—ぐ
素	ソ・▲ス	—
増	ゾウ	ま—す・ふ—える・ふ—やす
率	▲ソツ・リツ	ひき—いる
断	ダン	▲た—つ・こと—わる
提	テイ	▲さ—げる
堂	ドウ	—
序	ジョ	—
賞	ショウ	—
情	ジョウ・▲セイ	なさ—け
勢	セイ	いきお—い
設	セツ	もう—ける
総	ソウ	—
則	ソク	—
損	ソン	▲そこ—なう・▲そこ—ねる
貯	チョ	—
程	テイ	▲ほど
得	トク	え—る・▲う—る
招	ショウ	まね—く
条	ジョウ	—
制	セイ	—
税	ゼイ	—
絶	ゼツ	た—える・た—やす・た—つ
造	ゾウ	つく—る
測	ソク	はか—る
貸	▲タイ	か—す
張	チョウ	は—る
適	テキ	—
毒	ドク	—

漢字	おん	くん
独	ドク	ひと—り
犯	ハン	▲おか—す
肥	ヒ	こ—える・こえ・こ—やす・こ—やし
評	ヒョウ	—
武	ブ・ム	—
弁	ベン	—
防	ボウ	ふせ—ぐ
務	ム	つと—める・つと—まる
余	ヨ	あま—る・あま—す
歴	レキ	—
衛	エイ	—
任	ニン	まか—せる・まか—す
判	ハン・バン	—
非	ヒ	—
貧	▲ヒン・ビン	まず—しい
復	フク	—
保	ホ	たも—つ
貿	ボウ	—
夢	ム	ゆめ
容	ヨウ	—
額	ガク	ひたい
能	ノウ	—
版	ハン	—
費	ヒ	▲つい—やす・▲つい—える
布	フ	ぬの
仏	ブツ	ほとけ
報	ホウ	▲むく—いる
暴	ボウ・▲バク	▲あば—く・あば—れる
迷	▲メイ	まよ—う
略	リャク	—
慣	カン	な—れる・な—らす
破	ハ	やぶ—る・やぶ—れる
比	ヒ	くら—べる
備	ビ	そな—える・そな—わる
婦	フ	—
粉	フン	こ・こな
豊	ホウ	ゆた—か
脈	ミャク	—
綿	メン	わた
留	リュウ・ル	と—める・と—まる

漢字	おん	くん	筆順
義	ギ	—	丶 丷 䒑 兰 兰 羊 羊 羊 義 義 義
興	コウ・キョウ	▲おこ-る・▲おこ-す	ノ 亻 仆 … 興 興
賛	サン	—	一 二 夫 夫 夫 夫 扶 扶 替 替 替 賛
謝	シャ	▲あやま-る	丶 亠 亠 亠 言 言 訁 訁 訂 訪 訥 謝 謝 謝
精	セイ・▲ショウ	—	丶 丷 丬 半 米 米 米 粁 粁 精 精 精
態	タイ	—	厶 厶 亻 自 自 自 能 能 能 態 態 態
導	ドウ	みちび-く	丶 丷 丷 䒑 首 首 首 首 道 道 導 導
編	ヘン	あ-む	幺 幺 幺 糸 糸 糸 紀 紀 紀 綿 編 編
領	リョウ	—	ノ 人 𠆢 今 令 令 令 令 領 領 領 領
境	キョウ・▲ケイ	さかい	一 十 土 圹 圹 圹 境 境 境 境
講	コウ	—	丶 亠 亠 亠 言 言 言 言 訁 訁 講 講 講
飼	シ	か-う	ノ 𠆢 今 今 今 食 食 飣 飼 飼 飼
織	▲ショク・シキ	お-る	幺 幺 糸 糸 糸 糸 紅 紅 織 織 織
製	セイ	—	ノ 二 三 牛 制 制 制 製 製 製
築	チク	きず-く	ノ 𠂉 𥫗 竹 筑 筑 筑 築 築 築
燃	ネン	も-える・も-やす・も-す	丷 火 火 炒 炒 燃 燃 燃 燃
墓	ボ	はか	一 十 艹 艹 芇 苩 莫 莫 墓 墓
護	ゴ	—	丶 亠 亠 亠 言 言 言 訁 訁 護 護
雑	ザツ・ゾウ	—	ノ 九 九 杂 杂 杂 雑 雑 雑
識	シキ	—	丶 亠 亠 亠 言 言 言 訁 識 識 識
職	ショク	—	一 丅 下 耳 耳 耳 耳 職 職 職
績	セキ	—	幺 幺 糸 糸 糸 糸 紆 績 績 績
銅	ドウ	—	ノ 𠆢 今 今 全 金 金 釦 銅 銅
複	フク	—	丶 ラ ネ ネ ネ 衤 衤 複 複 複
輸	ユ	—	一 丅 戸 百 亘 車 車 輸 輸 輸

小《しょう》学《がく》五《ご》年《ねん》生《せい》で習《なら》う漢《かん》字《じ》［百九十三字《ひゃくきゅうじゅうさんじ》］テスト

1 お□《だん》子《ご》ピンは、モモのトレードマーク。

2 学校《がっこう》で□《か》っているうさぎ。

3 よい姿《し》□《せい》は、書道《しょどう》の□《き》本《ほん》だ。

4 マガツ鬼《き》の頭《とう》□《りょう》は、□《えい》遠《えん》のねむりについた。

5 矢神《やがみ》くんは、モモを□《ささ》える文房《ぶんぼう》□《し》。

6 うらない中《ちゅう》□《どく》になってしまう。

---

7 先《せん》□《ぞ》代々《だいだい》伝《つた》わる御筆《みふで》、桃花《とうか》。

8 ミコトバヅカイの□《そ》□《しつ》あり。

9 マガゴトは正当《せいとう》□《ぼう》□《えい》？

10 矢神《やがみ》くんのカゼが、□《かい》方《ほう》に向《む》かう。

11 筆《ふで》に□《てき》したタヌキの毛《け》。

12 □《き》□《そく》が多《おお》いひふみ学園《がくえん》。

13 □《せい》神《しん》を□《とう》一《いつ》する。

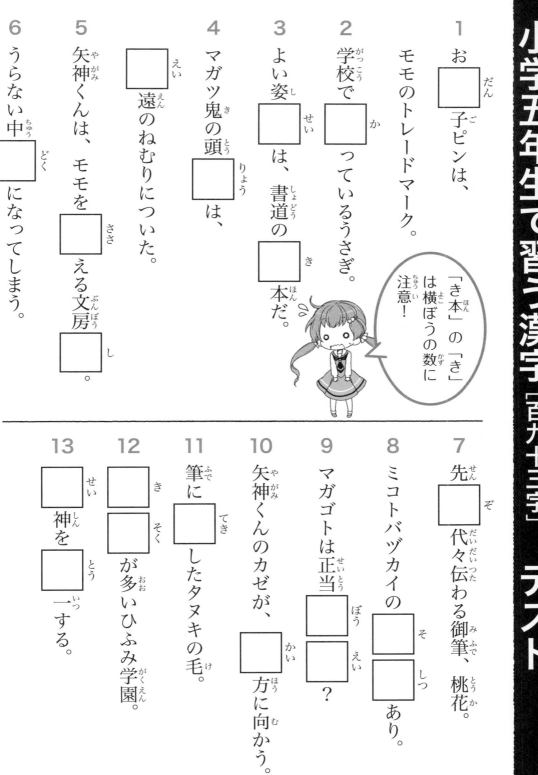

14 □《しょう》待状《たいじょう》の□《じゅん》□《び》をする。

15 三重県《みえけん》を流《なが》れる大《たい》□《が》。

16 史《ふみ》さんと□《ひさ》しぶりに会《あ》う。

17 矢神《やがみ》くんの□《こ》□《せい》的《てき》な絵《え》。

18 硯《すずり》を□《せい》□《ぞう》している工房《こうぼう》。

19 類《るい》から□《ぎ》理《り》チョコをもらう。

20 ミコトバの里山《さとやま》で、矢神《やがみ》くんと天体観《てんたいかん》□《そく》をする。

21 言葉《ことば》の力《ちから》で世界《せかい》を□《すく》う。

「せいぞう」は物《もの》をつくるという意味《いみ》だ。

22 矢神《やがみ》くんの家《いえ》にある、□《みき》の太《ふと》い松《まつ》の木《き》。

23 □《ちく》千年《せんねん》の土《ど》ぞうにある、希少《きしょう》な□《ざい》産《さん》。

24 消防《しょうぼう》□《し》が火《か》□《さい》の現場《げんば》に向《む》かう。

25 ミコトバヅカイとしての心《こころ》□《がま》え。

26 □《あば》れるマガツ鬼《き》に□《かこ》まれる。

27 心《こころ》の□《まず》しい人《ひと》がマガゴトを使《つか》う。

28 矢神《やがみ》くんが□《しゃ》□《ざい》の言葉《ことば》を□《の》べる。

29 「カレシなんて、パパは□《ゆる》さないゾ。」

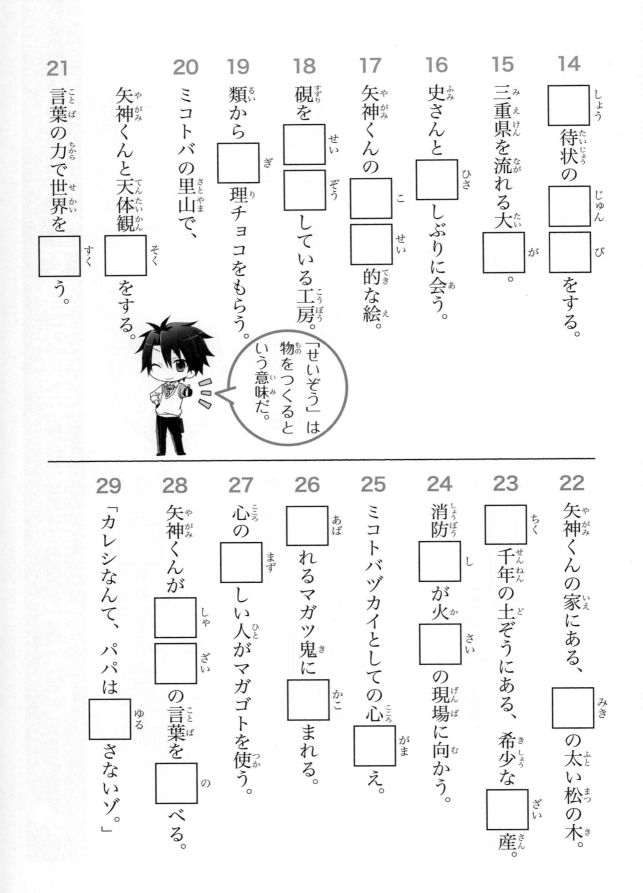

30 昔《むかし》から□《いとな》まれている旅館《りょかん》。

31 □《こう》平《へい》くんが、文房師《ぶんぼうし》の□《けい》験《けん》を生《い》かす。

32 和紙《わし》の原料《げんりょう》をとかしこんだ、白《しろ》い□《えき》体《たい》。

33 矢神《やがみ》（スパルタ）コーチの熱《あつ》いご指《し》□《どう》。

34 矢神《やがみ》くんの前《まえ》で心《しん》ぞうが□《みゃく》打《う》つ。

35 マガゴトでマガツ鬼《き》が□《ふ》える。

36 信《しん》じられない光景《こうけい》に、□《ぜっ》□《く》する。

37 けがしたみずきちゃんを□《ほ》□《ご》する。

38 神社《じんじゃ》にある鳥《とり》□《い》を見上《みあ》げる。

39 御筆桃花《みふでとうか》は、モモの大切《たいせつ》な□《ぶ》器《き》。

40 神社《じんじゃ》の社《しゃ》□《む》所《しょ》で、雪花《せっか》をさがす。

41 雪花《せっか》をぬすんだ□《はん》人《にん》の情《じょう》□《ほう》。

42 「のろいの名前《なまえ》」の□《じゅつ》を□《やぶ》る。

43 マガツ鬼《き》の□《そう》大《だい》しょうの□《つま》になんてならない。

44 千方《ちかた》センパイの計《けい》□《りゃく》にはまる。

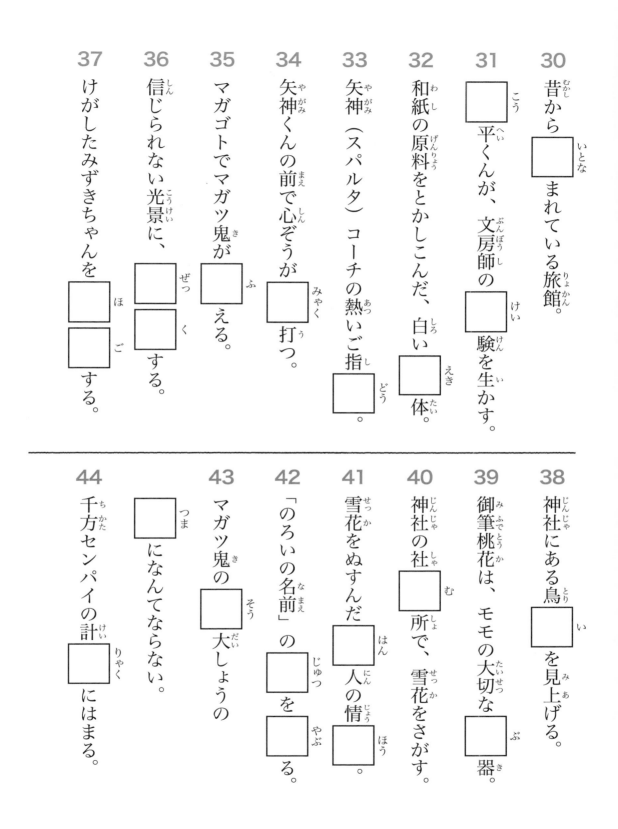

45 学校《がっこう》と自分《じぶん》の家《いえ》を□《おう》□《ふく》する。

46 筆《ふで》の□《じょう》□《たい》を□《けん》□《さ》する。

47 悪《わる》い□《ひょう》□《ばん》がけい□《じ》板《ばん》に書《か》かれる。

48 スカイツリーを持《も》った、地《ち》いき□《げん》定東京《ていとうきょう》□《ばん》のフデマメくん。

49 駅《えき》の犬《いぬ》の□《どう》□《ぞう》前《まえ》で待《ま》ち合《あ》わせだ。

50 百円《ひゃくえん》□《きん》一《いっ》ショップで買《か》い出《だ》しをする。

---

51 モモの□《てい》案《あん》に、□《さん》成《せい》！

52 □《こう》□《りつ》のいい計画《けいかく》を立《た》ててくれる、宇田川《うだがわ》さん。

53 里《さと》の土《ど》ぞうにある、□《れき》□《し》ある古文書《こもんじょ》。

54 中等部《ちゅうとうぶ》の□《こう》□《どう》に□《い》動《どう》する。

55 マガゴトをやめるのは□《よう》□《い》でない。

56 ガのマガツ鬼《き》が□《きゅう》校《こう》□《しゃ》に□《あらわ》れた。

57 モモがマガツ鬼《き》のこうげきの対《たい》□《しょう》にされてしまった。

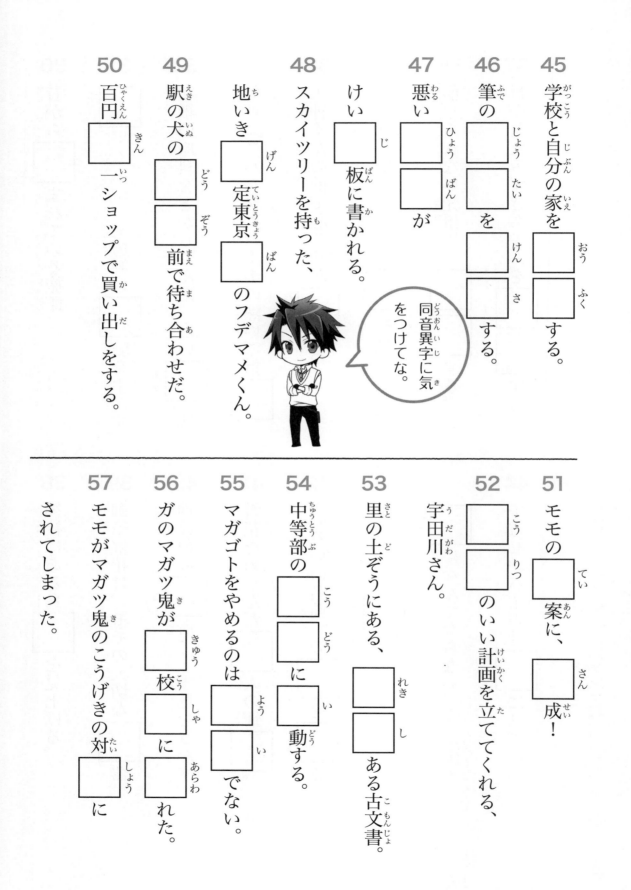

58 勝者《しょうしゃ》への□《しょう》品《ひん》を用意《ようい》する。

59 □《な》れた様子《ようす》で話《はな》す宇田川《うだがわ》さん。

60 まっ茶白玉《ちゃしらたま》クレープを買《か》ったおつりを、財《さい》□《ふ》にしまう。

61 ひふみ学園《がくえん》の□《せい》服《ふく》。

62 リオの□《ゆめ》は、アイドルになることだ。

63 チケットの□《か》□《かく》を決《き》める。

64 矢神《やがみ》くんに思《おも》いを□《よ》せる。

65 矢神《やがみ》くんの顔《かお》が近《ちか》すぎて思考《しこう》□《てい》止《し》。

---

66 和紙《わし》ができる□《か》□《てい》を、順《じゅん》□《じょ》立《だ》てて説明《せつめい》してもらう。

67 マガツ鬼《き》が出《で》てくる原《げん》□《いん》は、マガゴト。

68 あの人《ひと》と夫《ふう》□《ふ》になるなんて、いや。

69 文化祭《ぶんかさい》の□《ひ》番《ばん》のときに、パトロール。

70 モモが□《よろこ》ぶ旅行先《りょこうさき》。

71 教室《きょうしつ》に日《にち》□《じょう》がもどる。

72 □《ちょ》金《きん》で新《あたら》しい筆《ふで》を買《か》う。

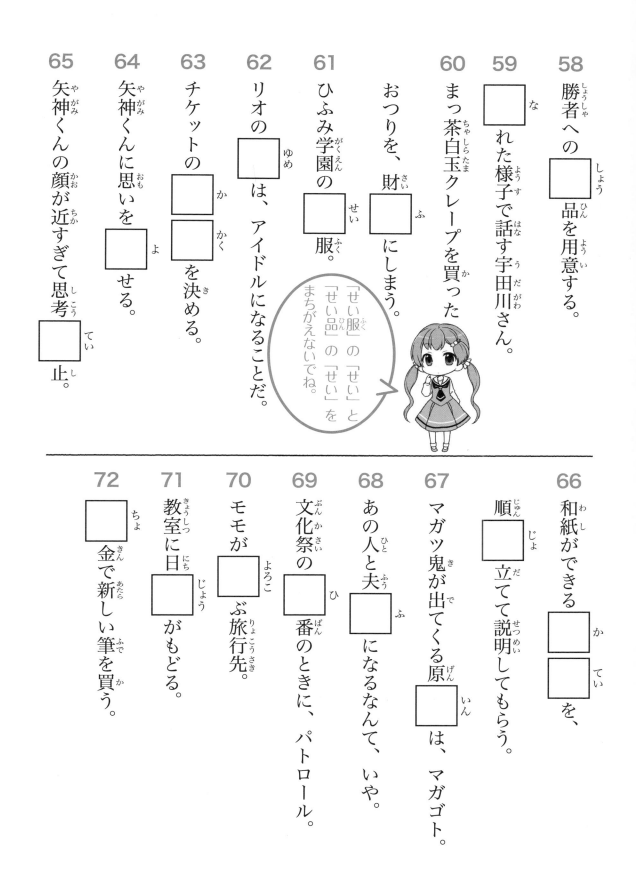

73 ミコトバの里《さと》を□《る》守《す》にする。

74 千《ち》方《かた》センパイの□《ふく》□《ざつ》な感《かん》□《じょう》。

75 ミコトバヅカイとしての□《じょう》□《けん》。

76 書《しょ》道《どう》部《ぶ》に所《しょ》□《ぞく》する。

77 けん道《どう》着《ぎ》がよく□《に》合《あ》う。

78 男《だん》女《じょ》□《ぎゃく》転《てん》シンデレラ。

79 みずきちゃんが□《えん》じる、「いじわるお兄《にい》さん」。

80 チョークの□《こな》でまっ白《しろ》になる。

「に」は四年生《よねんせい》で習《なら》った「以《い》」とまちがわないように注意《ちゅうい》だよ！

81 むねを□《は》っておどるリオ。

82 身《み》の□《けっ》白《ぱく》を明《あき》らかにする。

83 文《ぶん》房《ぼう》師《し》として□《どく》立《りつ》する。

84 ラメが□《ま》ざった色《いろ》墨《ずみ》を□《か》す。

85 大《おお》筆《ふで》に□《きょう》味《み》をもつ。

86 □《きん》止《し》してもマガゴトがなくならない。

87 他《た》人《にん》と自《じ》分《ぶん》を□《くら》べない。

88 お役《やく》目《め》に□《せき》□《にん》をもつ。

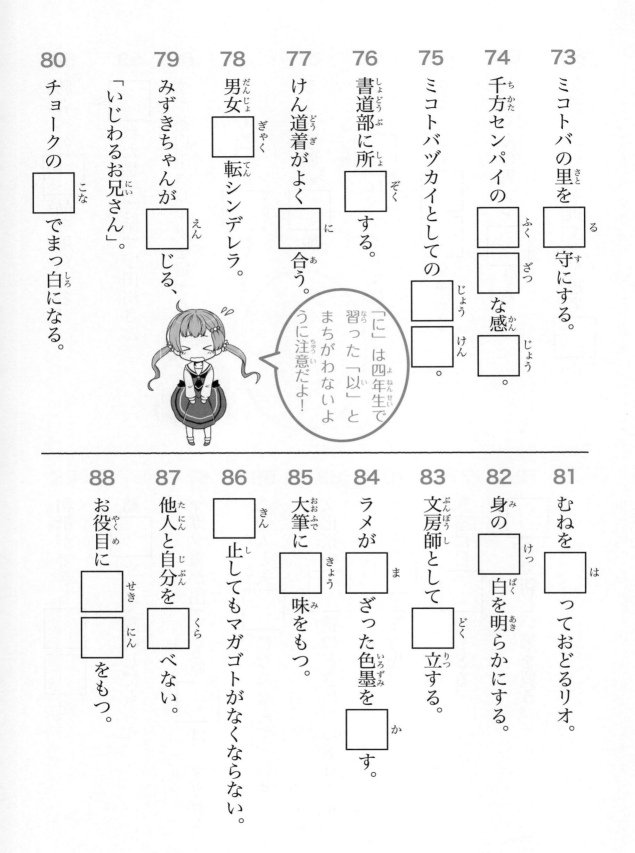

89 真弓家《まゆみけ》に残《のこ》された
ぶ□《あつ》い□《し》料《りょう》を読《よ》みあさる。

90 平安時代《へいあんじだい》から十世《じっせい》□《き》以上《いじょう》生《い》きている。

91 折《お》れた桃花《とうか》を□《しゅう》理《り》する。

92 お□《べん》当《とう》がのどを通《とお》らない。

93 新《あたら》しい筆《ふで》にかかる□《ひ》用《よう》。

94 □《よ》計《けい》なことは考《かんが》えない。

95 陽太《ようた》くんと朝子《あさこ》ちゃんが、急《きゅう》□《せっ》近《きん》！

---

96 ひ組《ぐみ》の□《おう》えん旗《き》。

97 モモの□《ほう》富《ふ》な
漢字知《かんじち》□《しき》が役《やく》に立《た》つ。

98 ハジメさんは、うでのいい□《しょく》人《にん》さん。

99 ジャケットをさっと羽《は》□《お》る。

100 □《さくら》の季節《きせつ》に、薫《かおる》ちゃんと出会《であ》う。

101 里《さと》のよく□《こ》えた土地《とち》を□《たがや》す。

102 みずきちゃんからの無言《むごん》の□《あつ》力《りょく》。

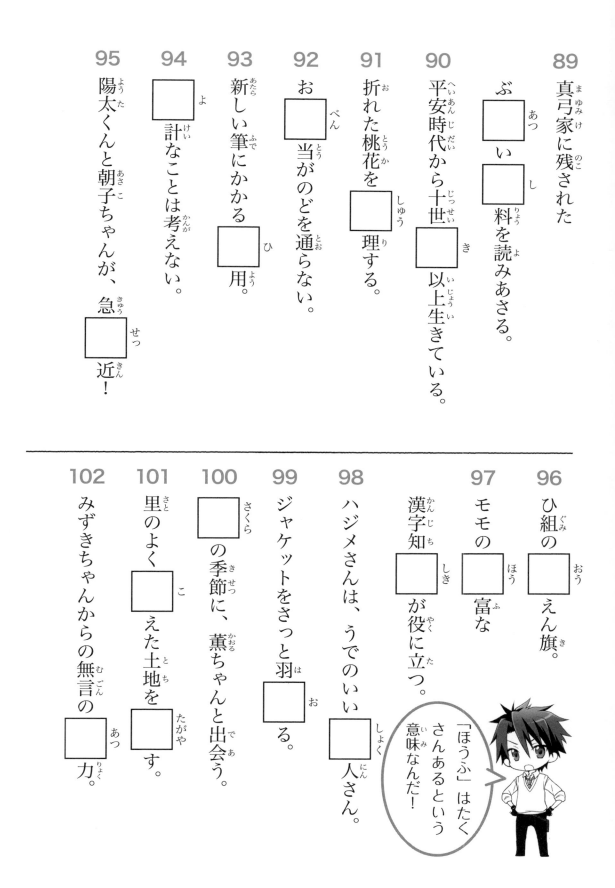

「ほうふ」はたくさんあるという意味《いみ》なんだ！

103 おそろいのかみ□《がた》は、仲良《なかよ》しの□《しょう》こ？

104 国語《こくご》の成《せい》□《せき》だけはいい。

105 手《て》□《あ》みのマフラーをプレゼントしたい。

106 マガゴトを使《つか》うなんて、言語道《ごんごどう》□《だん》！

107 フデマメくんは、□《えだ》豆三兄弟《まめさんきょうだい》。

108 球《きゅう》□《ぎ》が□《とく》意《い》な友《とも》だち。

109 「ウソも方便《ほうべん》」は、あることを達成《たっせい》するための□《かり》の手《しゅ》だん。

---

110 書《か》き□《そん》じの半紙《はんし》が散乱《さんらん》している。

111 矢神《やがみ》くんの実《じっ》□《さい》の気持《きも》ち。

112 白札《しろふだ》でマガツ鬼《き》を□《へ》らす。

113 文化祭《ぶんかさい》で出《で》た利《り》□《えき》で、ジュースを買《か》う。

114 モモのアイデアを□《さい》用《よう》しよう！

115 ギラつくような□《がん》光《こう》で、にらまれる。

116 オバケ屋《や》しきにガイコツを□《せっ》置《ち》する。

117 墨《すみ》は、松《まつ》を百時間《ひゃくじかん》□《も》やして作《つく》る。

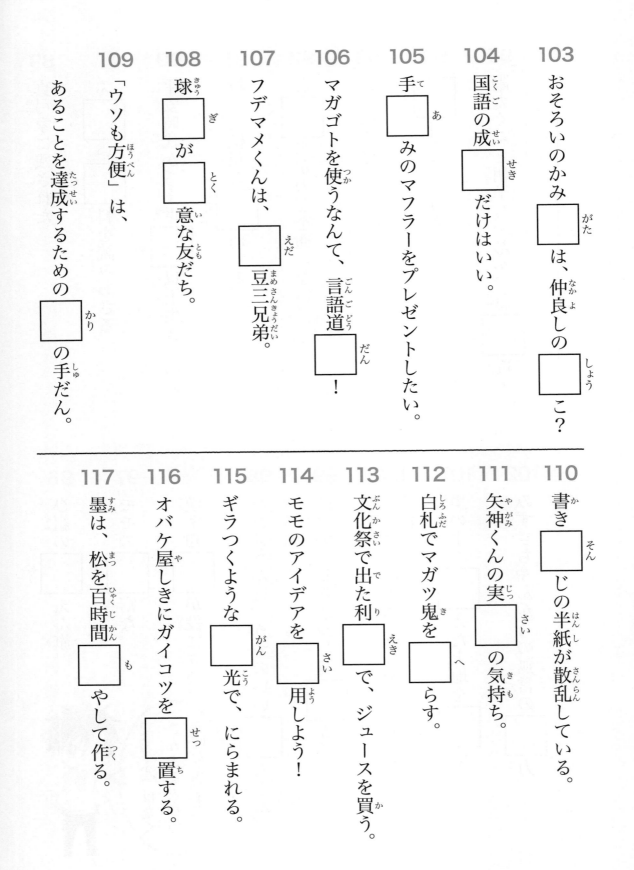

118 □《こ》意《い》に、ろう屋《や》のカギを開《あ》ける。

119 パパが買《か》っている週《しゅう》□《かん》誌《し》の金《きん》□《がく》。

120 パートナーの□《あ》り方《かた》を□《さい》□《かく》認《にん》。

121 お□《はか》に□《ぶつ》花《か》をそなえる。

122 不安《ふあん》な気持《きも》ちをおし□《ころ》す。

123 炭《たん》□《さん》水《すい》を一気《いっき》飲《の》み！

124 学校《がっこう》の書道《しょどう》の□《じゅ》業《ぎょう》。

125 矢神《やがみ》くんには理《り》□《かい》しがたい、女心《おんなごころ》。

126 強《つよ》い□《こころざし》をもった□《せい》治《じ》家《か》。

127 国《くに》に□《ぜい》金《きん》をおさめる。

128 中国《ちゅうごく》との□《ぼう》易《えき》で、□《わた》を□《ゆ》入《にゅう》する。

129 陽太《ようた》くんからのいきなりの□《こく》白《はく》。

130 昔《むかし》、金《きん》がとれたという□《こう》山《ざん》を見学《けんがく》。

131 新学期《しんがっき》になって周《まわ》りのかん□《きょう》が変《か》わる。

132 □《か》□《のう》な限《かぎ》り、がんばる！

133 き□《けん》なお役目《やくめ》も、もう□《まよ》わない。

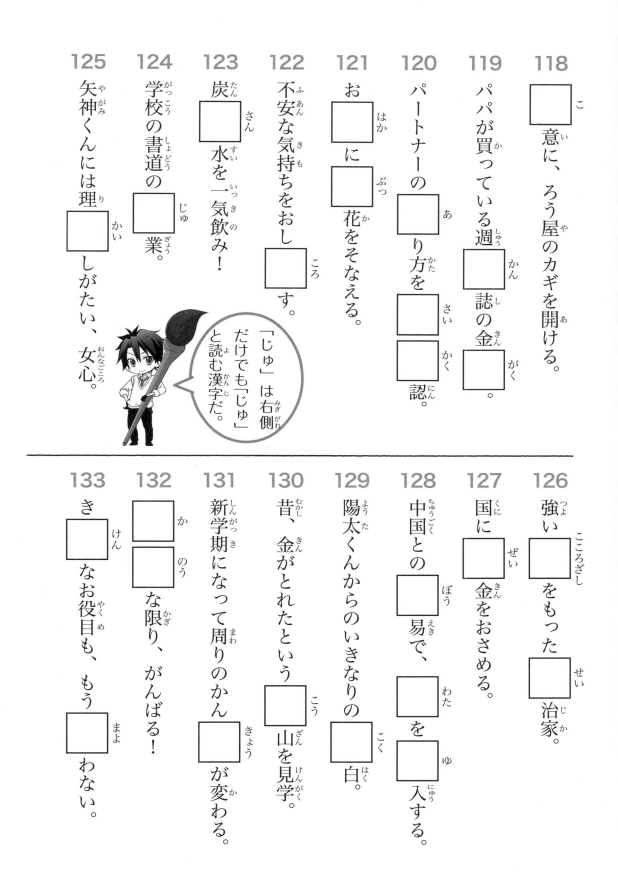

いみちぇん！修《しゅ》行《ぎょう》 その3

モモ！ミコトバヅカイとして
マガツ鬼《き》に負《ま》けないように、
いっしょに修行《しゅぎょう》をしよう。
まずはこの漢字《かんじ》から！ 「責《せき》」！

みんなも私《わたし》といっしょに、漢字《かんじ》のパーツを変《か》えて、
別《べつ》の意味《いみ》の漢字《かんじ》にしてね。
漢字《かんじ》の読《よ》み方《かた》の一例《いちれい》をヒントに答《こた》えを導《みちび》き出《だ》してね。
最初《さいしょ》は私《わたし》がお手本《てほん》でいみちぇんするよ！

スタート！

責 → 績（セキ） → 綿
↓
① 糸（シキ）
次《つぎ》の文字《もじ》のいとへんに注目《ちゅうもく》して…

糸 → 識 → ②（シャ）
次《つぎ》の文字《もじ》をよく見《み》て…
あとは自分《じぶん》でがんばってみて！
↓
講 → ③（コウ） → 桜

ゴール!!

答《こた》えは127ページにあるよ

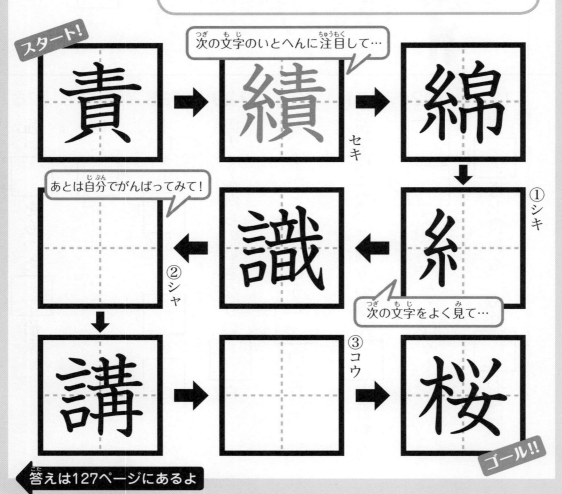

漢検《かんけん》5級《きゅう》レベル

第《だい》六《ろく》章《しょう》

小《しょう》学《がく》六《ろく》年《ねん》生《せい》の漢《かん》字《じ》 & モモ・矢《や》神《がみ》 小《しょう》学《がく》六《ろく》年《ねん》生《せい》のお話《はなし》

モモ・矢神
小学六年生《しょうがくろくねんせい》

秘《ひ》密《みつ》の寄《よ》り道《みち》

六年生《ろくねんせい》になったら、[い3]矢神《やがみ》くんとクラスが別《べつ》べつになっちゃった。

そのうえ、部活体験《ぶかつたいけん》で時間《じかん》を割《さ》くのも難《むずか》しくて、なかなか話《はな》すこともできない。

でも今日《きょう》は、ものすごいラッキーが起《お》こったの。

ろうかで[い3]矢神《やがみ》くんとハチ合《あ》わせたとき、寄《よ》り道《みち》にさそってくれたんだ！

「風《かぜ》が冷《つめ》たいな。駅《えき》のクレープ屋《や》、すぐ入《はい》れるといいが」

「そ、そうだねっ」

私《わたし》がプルプルしてるのは、寒《さむ》さじゃなくて、キンチョーのせいなんですが。

二人《ふたり》で寄《よ》り道《みち》なんて、同級生《どうきゅうせい》にモクゲキされたら、私《わたし》は灰《はい》になっちゃう。

だけど[い3]矢神《やがみ》くんと帰《かえ》るのは久《ひさ》しぶりだから、断《ことわ》りたくなかったんだ。

秘密《ひみつ》の寄《よ》り道《みち》のつもりだったんだけど、駅《えき》のまわりは、さすがに人《ひと》が多《おお》い。

いろんな意味《いみ》で、胸《むね》が、心臓《しんぞう》が、痛《いた》いくらいふるえて、困《こま》っちゃうよ。

そして間《ま》もなくクレープ屋《や》さんというところで、カレはぴたりと足《あし》を止《と》めた。

「モモ。[い17]邪気《じゃき》が……」

六《ろく》年《ねん》生《せい》の漢《かん》字《じ》

漢字	ページ
割	108ページ
私	109ページ
秘	111ページ
胸	108ページ
痛	110ページ
難	112ページ
灰	108ページ
密	111ページ
臓	112ページ
困	109ページ

私《わたし》に呼《よ》びかけた[い3]矢神《やがみ》くんの言葉《ことば》をさえぎるように、キャアアッと高《たか》い声《こえ》！

人《ひと》の波《なみ》が割《わ》れ、道《みち》ばたの若木《わかぎ》の裏《うら》から、何《なに》か黒《くろ》いモノが飛《と》び出《だ》してきた！

この都会《とかい》の群衆《ぐんしゅう》の中《なか》に、暴《あば》れ馬《うま》!? 目《め》に映《うつ》る姿《すがた》を疑《うたが》うけど、誤認《ごにん》じゃない。

みんないきなりの危険《きけん》に、我《われ》を忘《わす》れて興奮状態《こうふんじょうたい》で悲鳴《ひめい》をあげる。


「[い3]矢神《やがみ》くん、あれ、敵《てき》の[い11]マガツ鬼《き》!?」

「そうだ！ モモ、[い18]御筆《みふで》を取《と》れ！」

[い3]矢神《やがみ》くんの厳《きび》しい声《こえ》。ぶるっといななく馬《うま》は大口《おおぐち》を開《あ》け、黒札《くろふだ》を放《はな》った！

札《ふだ》は道路《どうろ》の境界線《きょうかいせん》の石《いし》ブロックにはりつき、ぼうっと赤《あか》く光《ひか》る。

とたんに、そこから大量《たいりょう》の砂《すな》が乱《みだ》れ飛《と》び、私《わたし》たちにふきつけてくる！

し、視界《しかい》が利《き》かない！ 肺《はい》に砂《すな》のツブを吸《す》いこんで、激《はげ》しくムセる。


そうかっ、あの馬《うま》、石《いし》ブロックの「石《いし》」を砂《すな》に書《か》きかえたんだ！


警《けい》かいする[い3]矢神《やがみ》くんが前《まえ》に立《た》ち、砂除《すなよ》けになってくれる。私《わたし》はカレの背中《せなか》に[い14]札《ふだ》をおしつけ、歯《は》を食《く》いしばって[い19]桃花《とうか》を走《はし》らせた。

「ミコトバヅカイの名《な》において、[い20]桃花寿《とうかことほ》ぐ、コトバのチカラ！」

私《わたし》の[い14]札《ふだ》は射《い》るように砂《すな》へつっこみ、白《しろ》いケムリを上《あ》げる。

とたんに砂《すな》はかき消《き》えたけど、馬《うま》がすごい速《はや》さで、こっちに走《はし》ってくる！

地面《じめん》をけり、ガードレールを飛《と》びこえる馬《うま》。ソレは私《わたし》たちの真上《まうえ》に――！

漢字	ページ
呼	108ページ
裏	112ページ
映	108ページ
疑	111ページ
認	110ページ
我	108ページ
奮	112ページ
厳	112ページ
乱	111ページ
肺	110ページ
激	111ページ
除	109ページ
射	109ページ
若	109ページ
衆	109ページ
姿	109ページ
誤	108ページ
危	108ページ
忘	111ページ
敵	110ページ
砂	109ページ
視	109ページ
吸	108ページ
警	111ページ
背	110ページ

「ミコトバヅカイの名《な》において、[い20]桃花寿《とうかことほ》ぐ、コトバのチカラ！」

寸前《すんぜん》で放《はな》った二枚目《にまいめ》の[い14]札《ふだ》が、馬《うま》のおなかに届《とど》く！

ぼうんっと上《あ》がる大《おお》きなケムリ。みるみる馬《うま》の姿《すがた》は消《き》えてしまって、代《か》わりに、[い3]矢神《やがみ》くんのうでに何《なに》かボスッと落《お》ちてきた。

「……牛乳《ぎゅうにゅう》、か？」

目《め》をまたたく[い3]矢神《やがみ》くんの手《て》には、一《いち》リットルの牛乳《ぎゅうにゅう》パック。

「馬《うま》の別《べつ》の字《じ》の『午《うま》』を牛乳《ぎゅうにゅう》だよ。最初《さいしょ》の『砂《すな》』は、砂糖《さとう》にしたの」

私《わたし》は道路《どうろ》に転《ころ》がってた砂糖《さとう》のふくろを拾《ひろ》いあげ、へへっと笑《わら》った。

一段落《ひとだんらく》！　と思《おも》いきや。気《き》づけば私《わたし》たち、大勢《おおぜい》のヤジウマに囲《かこ》まれてた。

二人《ふたり》そろって真《ま》っ青《さお》になり、大《おお》あわてでその場《ば》をにげだす。

うわあんっ、これじゃあ、もうあのクレープ屋《や》さん行《い》けないよっ！

路地裏《ろじうら》にカケこんだ私《わたし》たちは、はたと、それぞれのうでの中《なか》に目《め》を落《お》とした。

「お砂糖《さとう》に、牛乳《ぎゅうにゅう》……。これって、」

「あとは卵《たまご》と粉《こな》があれば……、クレープが作《つく》れるな」

「私《わたし》の家《いえ》、卵《たまご》もホットケーキミックスもあるよ！　あとは果物《くだもの》が欲《ほ》しいから、カンヅメだけ買《か》って帰《かえ》ればいいよねっ！」

私《わたし》たちは視線《しせん》を交《か》わして、ふふっと笑《わら》った。

寸→109ページ
届→110ページ
糖→112ページ
卵→111ページ
枚→111ページ
乳→110ページ
段→110ページ
欲→111ページ

[い3]矢神《やがみ》くんとおうちでクレープ作《づく》り。ゼッタイ楽《たの》しいよね！
出会《であ》った時《とき》は、こんなふうに仲良《なかよ》くなれるなんて思《おも》ってもみなかったけど。
私《わたし》、[い3]矢神《やがみ》くんと友《とも》だちになれて、ホントによかった！
うれしい気持《きも》ちが胸《むね》からあふれ出《だ》してきて、満面《まんめん》の笑《え》みになる。
すると[い3]矢神《やがみ》くんは、あわてたように目《め》をそらし、急《きゅう》に先《さき》を歩《ある》きだした。
背《せ》をむけたカレの耳《みみ》が、紅色《べにいろ》に染《そ》まって見《み》えるけど……、陽《ひ》の加減《かげん》、だよね？
私《わたし》はいそいで追《お》いかけて、[い3]矢神《やがみ》くんのとなりに並《なら》ぶ。
カレはちらっと私《わたし》を見下《みお》ろし、なんだかとても幸《しあわ》せそうに笑《わら》ってくれた。

紅→108ページ　染→110ページ
並→111ページ

いみちぇん！用語《ようご》

3 矢神《やがみ》→25ページ
11 マガツ鬼《き》→25ページ
14 札《ふだ》→25ページ
17 邪気《じゃき》→87ページ
18 御筆《みふで》
19 桃花《とうか》→87ページ
20 桃花寿《とうかことほ》ぐ→87ページ

小学《しょうがく》六年生《ろくねんせい》で習《なら》う漢字《かんじ》

漢字	おん	くん	筆順
胃	イ	—	丨冂罒罒田 甲胃胃胃
映	エイ	うつ-る・うつ-す・▲は-える	丨冂日日 日丨日口日中 日央映
我	▲ガ	われ・▲わ	丿二千手 我我我
閣	カク	—	丨冂冂冂門 門門門門門 閃閃閣閣
巻	カン	ま-く・まき	丶丷䒑䒑 半关卷卷 巻
揮	キ	—	一丁扌扌 扌扌扌扌 揮揮揮揮
胸	キョウ	むね・▲むな	丿刀月月 肕肑胸胸 胸胸
系	ケイ	—	一𠂆幺玄 系系系
絹	▲ケン	きぬ	𠃋幺幺糸糸 糸糸糸糸糸 絹絹絹
后	コウ	—	一厂斤斤 后后

漢字	おん	くん	筆順
異	イ	こと	丨冂罒罒田 异异异异 異異異
延	エン	の-びる・の-べる・の-ばす	丿丿丆丆 正延延延
灰	▲カイ	はい	一厂厂厂 灰灰
割	▲カツ	わ-る・わり・わ-れる・▲さ-く	丶丶宀宀宀 宇宇宇宇 害害割割
看	カン	—	一二三手 手看看看 看
貴	キ	▲たっと-い・▲とうと-い・▲たっと-ぶ・▲とうと-ぶ	丶口中中 中虫串串 貴貴貴貴
郷	キョウ・▲ゴウ	—	𠃋幺乡乡 乡纟纟纟 郷郷郷
敬	ケイ	うやま-う	一十艹艹 芍芍芍芍 苟敬敬敬
己	コ・▲キ	▲おのれ	乛コ己
孝	コウ	—	一十土耂 孝孝孝

漢字	おん	くん	筆順
域	イキ	—	一十土圵 圵垣垣垣 域域域
沿	エン	そ-う	丶冫氵氵 氵氵沿沿
拡	カク	—	一十扌扌 扩扩拡拡
株	—	かぶ	一十才木 木木木朱 株株
危	キ	あぶ-ない・▲あや-うい・▲あや-ぶむ	丿ク𠂊产 危危
吸	キュウ	す-う	丨口口叨 吸吸
勤	キン・▲ゴン	つと-める・つと-まる	一十廾廾 艹艹苩堇 堇堇勤勤
穴	▲ケツ	あな	丶丶宀宀 穴
呼	コ	よ-ぶ	丨口口口 口口呼呼
皇	コウ・オウ	—	丿亻白白 白自阜皇 皇

漢字	おん	くん	筆順
宇	ウ	—	丶丶宀宀 宁宇
恩	オン	—	丨冂冂冂 因因因恩 恩恩
革	カク	▲かわ	一十廾廾 艹芦芦苩 革
干	カン	ほ-す・▲ひ-る	一二干
机	▲キ	つくえ	一十才木 机机
供	キョウ・▲ク	そな-える・とも	丿亻亻什 什供供供
筋	キン	すじ	丿𠂉𠂉𥫗 𥫗𥫗竹竻 筋筋筋筋
券	ケン	—	丶丷䒑䒑 半关券券
誤	ゴ	あやま-る	丶亠亠言 言言言訁 誤誤誤誤
紅	コウ・▲ク	べに・▲くれない	𠃋幺幺糸 糸糸糸紅 紅

漢字	おん	くん
降	コウ	お—りる・お—ろす・ふ—る
困	コン	こま—る
裁	サイ	▲た—つ・さば—く
至	シ	いた—る
詞	シ	—
捨	シャ	す—てる
宗	シュウ・▲ソウ	—
熟	ジュク	▲う—れる
諸	ショ	—
蒸	ジョウ	▲む—す・▲む—れる・▲む—らす
推	スイ	▲お—す

漢字	おん	くん
刻	コク	きざ—む
砂	サ・▲シャ	すな
策	サク	—
私	シ	わたくし・わたし
誌	シ	—
尺	シャク	—
就	シュウ・▲ジュ	▲つ—く・▲つ—ける
純	ジュン	—
除	ジョ・▲ジ	のぞ—く
針	シン	はり
寸	スン	—

漢字	おん	くん
穀	コク	—
座	ザ	▲すわ—る
冊	サツ・▲サク	—
姿	シ	すがた
磁	ジ	—
若	▲ジャク・▲ニャク	わか—い・▲も—しくは
衆	シュウ・▲シュ	—
処	ショ	—
承	ショウ	▲うけたまわ—る
仁	ジン・▲ニ	—
盛	▲セイ・▲ジョウ	も—る・▲さか—る・▲さか—ん

漢字	おん	くん
骨	コツ	ほね
済	サイ	す—む・す—ます
蚕	サン	かいこ
視	シ	—
射	シャ	い—る
収	シュウ	おさ—める・おさ—まる
従	ジュウ・▲ショウ・▲ジュ	したが—う・したが—える
署	ショ	—
将	ショウ	—
垂	スイ	た—れる・た—らす
聖	セイ	—

漢字	おん	くん	筆順
誠	セイ	▲まこと	亠 亠 亖 言 言 訁 訂 訪 訪 誠 誠
泉	セン	いずみ	ノ 丫 白 白 白 皁 身 泉 泉
善	ゼン	よ−い	丷 丷 䒑 羊 羊 羊 差 善 善 善
装	ソウ・▲ショウ	▲よそお−う	丨 丬 丬 爿 壮 壮 壮 壮 装 装 装
宅	タク	—	丶 宀 宀 宀 宅 宅
暖	ダン	あたた−か・あたた−かい・あたた−まる・あたた−める	丨 П 日 日 日 旷 旷 昣 昣 暖 暖 暖
著	チョ	▲あらわ−す・▲いちじる−しい	一 艹 艹 艹 芏 芏 茅 茅 著 著 著
潮	チョウ	しお	丶 氵 氵 氵 汁 汸 沖 淖 淖 淖 潮 潮 潮 潮
展	テン	—	𠃍 コ 尸 尸 尸 屈 屈 屈 展 展
乳	ニュウ	ちち・▲ち	ノ 丆 丆 爫 孚 孚 孚 乳
派	ハ	—	丶 氵 氵 汀 汀 沂 沠 派 派

漢字	おん	くん	筆順
舌	▲ゼツ	した	ノ 二 千 千 舌 舌
洗	セン	あら−う	丶 氵 氵 氵 汁 汫 洪 洪 洗
奏	ソウ	▲かな−でる	一 二 三 声 夫 夫 奏 奏 奏
存	ソン・ゾン	—	一 ナ 𠂇 疒 存 存
担	タン	▲かつ−ぐ・▲にな−う	一 寸 扌 扌 扣 扣 担 担
値	チ	ね・▲あたい	ノ 亻 仁 仕 付 佑 佑 佶 値 値
庁	チョウ	—	丶 亠 广 庁 庁
賃	チン	—	ノ イ 仁 仁 任 任 任 賃 賃 賃 賃 賃 賃
討	トウ	▲う−つ	丶 亠 亖 言 言 言 言 言 討 討
認	▲ニン	みと−める	丶 亠 亖 言 言 言 訁 訂 訒 認 認 認 認 認
拝	ハイ	おが−む	一 寸 扌 扌 扌 扦 扫 拝

漢字	おん	くん	筆順
宣	セン	—	丶 宀 宀 宀 宁 宁 宣 宣
染	▲セン	そ−める・そ−まる・▲し−みる・▲し−み	丶 氵 氵 氿 氿 氿 卆 染 染
窓	ソウ	まど	丶 宀 宀 宀 穴 穴 空 空 窓 窓 窓
尊	ソン	たっと−い・とうと−い・たっと−ぶ・とうと−ぶ	丶 丷 䒑 亠 芮 芮 酋 酋 酋 尊 尊 尊
探	タン	▲さぐ−る・さが−す	一 寸 扌 扌 扌 扩 扩 挖 挖 探 探
宙	チュウ	—	丶 宀 宀 宀 宁 宙 宙 宙
頂	チョウ	いただ−く・いただき	一 丁 丁 丁 顶 顶 顶 頂 頂 頂 頂
痛	ツウ	いた−い・いた−む・いた−める	丶 亠 广 广 疒 疒 疔 疔 痌 痛 痛 痛
党	トウ	—	丨 丷 丷 丷 尚 尚 尚 党 党 党
納	ノウ・▲ナッ・▲ナ・▲ナン・▲トウ	おさ−める・おさ−まる	𠃋 幺 幺 糸 糸 糸 約 約 納 納
背	ハイ	せ・せい・▲そむ−く・▲そむ−ける	丨 丬 北 北 北 北 背 背 背

漢字	おん	くん	筆順
専	セン	▲もっぱ−ら	一 丆 丙 丙 亩 亩 車 専 専
銭	セン	▲ぜに	ノ 人 亼 亼 余 金 金 金 釒 鉄 銭 銭 銭 銭
創	ソウ	つく−る	ノ 人 亽 今 今 今 倉 倉 倉 倉 創 創
退	タイ	しりぞ−く・しりぞ−ける	𠃍 ヨ ヨ 艮 艮 艮 退 退 退
段	ダン	—	ノ 亻 丨 𠂆 𠂆 𠂆 𣪊 段 段
忠	チュウ	—	丨 口 口 中 中 忠 忠 忠
腸	チョウ	—	丿 刀 月 月 肌 肌 肌 肌 腸 腸 腸 腸 腸
敵	テキ	▲かたき	丶 亠 亠 产 产 商 商 商 商 商 敵 敵 敵
届	—	とど−ける・とど−く	𠃍 コ 尸 尸 尸 届 届 届
脳	ノウ	—	丿 刀 月 月 月 肦 肦 脳 脳 脳 脳
肺	ハイ	—	丿 刀 月 月 肝 肝 肺 肺 肺

漢字	おん	くん
俳	ハイ	—
批	ヒ	—
並	▲ヘイ	なみ・なら―べる・なら―ぶ・なら―びに
補	ホ	おぎな―う
亡	ボウ・▲モウ	▲な―い
幕	マク・バク	—
訳	ヤク	わけ
欲	ヨク	▲ほっ―する・▲ほ―しい
律	リツ・▲リチ	—
遺	イ・▲ユイ	—
警	ケイ	—
班	ハン	—
秘	ヒ	▲ひ―める
陛	ヘイ	—
暮	▲ボ	く―れる・く―らす
忘	▲ボウ	わす―れる
密	ミツ	—
郵	ユウ	—
翌	ヨク	—
臨	リン	▲のぞ―む
簡	カン	—
劇	ゲキ	—
晩	バン	—
俵	ヒョウ	たわら
閉	ヘイ	と―じる・▲と―ざす・し―める・し―まる
宝	ホウ	たから
棒	ボウ	—
盟	メイ	—
預	ヨ	あず―ける・あず―かる
乱	ラン	みだ―れる・みだ―す
朗	ロウ	▲ほが―らか
疑	ギ	うたが―う
激	ゲキ	はげ―しい
否	ヒ	▲いな
腹	フク	はら
片	▲ヘン	かた
訪	ホウ	▲おとず―れる・たず―ねる
枚	マイ	—
模	モ・ボ	—
幼	ヨウ	おさな―い
卵	▲ラン	たまご
論	ロン	—

漢字	おん	くん
権	ケン・▲ゴン	―
厳	ゲン・▲ゴン	▲おごそ－か・きび－しい
縦	ジュウ	たて
障	ショウ	▲さわ－る
蔵	ゾウ	▲くら
糖	トウ	―
優	ユウ	▲やさ－しい・▲すぐ－れる

漢字	おん	くん
憲	ケン	―
鋼	コウ	▲はがね
縮	シュク	ちぢ－む・ちぢ－まる・ちぢ－める・ちぢ－れる・ちぢ－らす
層	ソウ	―
臓	ゾウ	―
難	ナン	▲かた－い・むずか－しい
覧	ラン	―

漢字	おん	くん
源	ゲン	みなもと
樹	ジュ	―
傷	ショウ	きず・▲いた－む・▲いた－める
操	ソウ	▲みさお・▲あやつ－る
誕	タン	―
奮	フン	ふる－う
裏	▲リ	うら

小《しょう》学《がく》六《ろく》年《ねん》生《せい》で習《なら》う漢《かん》字《じ》［百九十一字《ひゃくきゅうじゅういちじ》］テスト

1 モモは、地味《じみ》□《けい》の女《おんな》の子《こ》。

2 ひっそり、こっそり□《く》らしていたい。

3 矢神《やがみ》くんの□《ざ》席《せき》は、モモのとなり。

4 顔《かお》が赤《あか》くなったことは矢神《やがみ》くんに□《ひ》□《みつ》。

5 千方《ちかた》センパイは、マガツ鬼《き》の総大《そうだい》□《しょう》。

6 文房師《ぶんぼうし》がつくった四《し》□《ほう》。

7 □《せい》心《しん》□《せい》意《い》お仕《つか》えする。

---

8 □《そん》□《けい》する兄《あに》の□《ちゅう》告《こく》に耳《みみ》を貸《か》す。

9 □《わす》れられない、モモとの□《たん》生《じょう》日《び》デート。

10 マガツ鬼《き》がいたら、人間《にんげん》が□《あぶ》ない。

11 矢神《やがみ》くんの自《じ》□《たく》を□《たず》ねる。

12 □《き》重《ちょう》な御筆《みふで》、桃花《とうか》。

13 □《ね》□《だん》なんてつけられない。

14 モモはパーティーのゲーム□《たん》当《とう》。

この「たず（ねる）」は「質問《しつもん》」じゃないよな。

15 牛《ぎゅう》□《にゅう》パックを持《も》った矢神《やがみ》くんと□《まど》ごしにおしゃべりをする。

16 文化祭《ぶんかさい》で屋台《やたい》がいっぱい□《なら》ぶ。

17 □《ひ》定的《ていてき》な言葉《ことば》が、マガツ鬼《き》を生《う》む。

18 空《そら》から毛虫《けむし》が□《ふ》ってきて、□《われ》に返《かえ》る。

19 矢神《やがみ》くんが投《な》げた□《たまご》が、顔《かお》にべちゃり……。

20 一人前《いちにんまえ》の文房師《ぶんぼうし》として□《みと》められる。

21 □《りん》時《じ》のできごとに、ウキウキ一《いち》□《わり》、ハラハラ九《きゅう》□《わり》。

22 □《ばん》の□《しゅう》しん時間《じかん》が過《す》ぎる。

23 ご先祖様《せんぞさま》にお花《はな》を□《そな》える。

24 □《はん》長《ちょう》を決《き》める。

25 オリエンテーリングの□《ゆう》勝《しょう》を□《せん》言《げん》。

26 □《そう》備品《びひん》は、地図《ちず》と方位《ほうい》□《じ》□《しん》。

27 準備体《じゅんびたい》□《そう》を念入《ねんい》りにする。

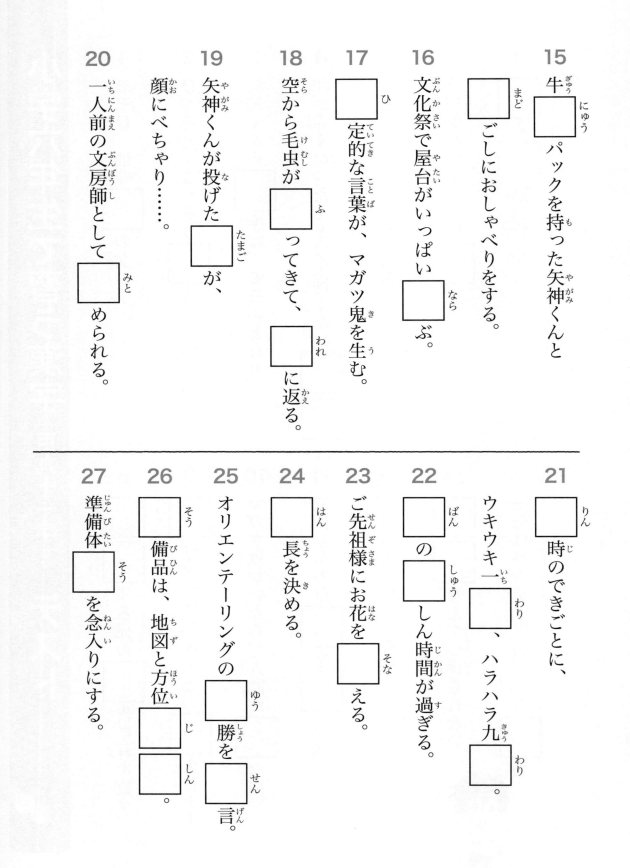

28 だれかを□《ひ》判《はん》するような書《か》きこみ。

29 鏡《かがみ》に□《うつ》る、□《し》服《ふく》□《すがた》。

30 □《も》り上《あ》がるゲームを検《けん》□《とう》中《ちゅう》。

31 □《ばく》末《まつ》の□《じん》義《ぎ》をかけた戦《たたか》い。

32 矢神《やがみ》くんの言葉《ことば》が□《のう》内《ない》をめぐる。

33 ゲームの説明《せつめい》を□《も》造紙《ぞうし》に書《か》く。

34 賞品《しょうひん》は、そうじ当番《とうばん》、一週間《いっしゅうかん》めん□《じょ》の□《けん》利《り》。

35 心《しん》□《ぞう》のバクバクが止《と》まらない。

36 お役目《やくめ》に支《し》□《しょう》をきたす。

37 矢神《やがみ》くんとの仲《なか》を□《ご》解《かい》される。

38 パートナーと付《つ》き合《あ》うなんて、□《ろん》外《がい》！

39 白札《しろふだ》がみるみる黒《くろ》く□《そ》まっていく。

40 一手二手先《いってにてさき》の□《じゅく》語《ご》を□《すい》理《り》して戦《たたか》う。

41 陽太《ようた》くんの質問《しつもん》に、反《はん》□《しゃ》的《てき》にうなずく。

42 一《いち》□《まい》二《に》□《まい》と連続《れんぞく》で白札《しろふだ》を投《な》げる。

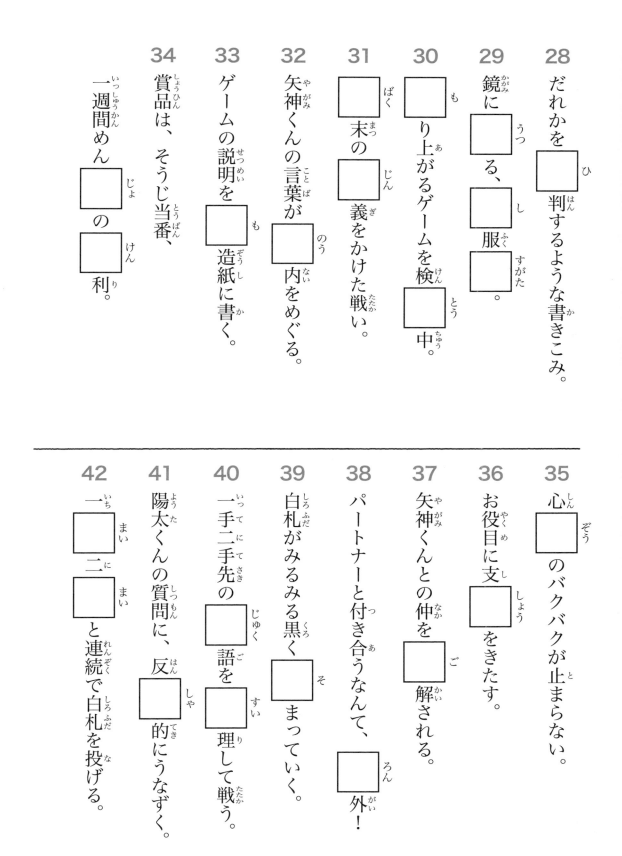

43 お正月《しょうがつ》、家族《かぞく》で神社《じんじゃ》に参《さん》□《ぱい》する。

44 流《りゅう》□《は》をまとめる当主《とうしゅ》。

45 モモからもらった、□《はい》色《いろ》のお守《まも》り。

46 矢神《やがみ》くんは故《こ》□《きょう》に帰《かえ》った。

47 里《さと》秘《ひ》□《ぞう》の書物《しょもつ》を、何《なん》□《さつ》も読《よ》む。

48 類《るい》との再会《さいかい》に、大興《だいこう》□《ふん》！

49 依《より》ちゃんの□《うたが》い深《ぶか》い□《し》線《せん》。

50 □《きび》しい修行《しゅぎょう》のあとは、温《おん》□《せん》に入《はい》ろう。

---

51 お役《やく》に立《た》てず恐《きょう》□《しゅく》する。

52 同音《どうおん》□《い》義語《ぎご》の術《じゅつ》。

53 里《さと》でとれた、たくさんの□《こく》物《もつ》。

54 ミコトバの里《さと》の物見台《ものみだい》は、昔《むかし》は
里《さと》の□《けい》護用《ごよう》、今《いま》は□《せん》たく物《もの》□《ほ》し用《よう》。

55 マガツ鬼《き》を□《と》じこめる。

56 雪花《せっか》を必死《ひっし》で□《さが》す。

57 里《さと》の□《うら》山《やま》の□《ちょう》上《じょう》にある大《たい》□《じゅ》。

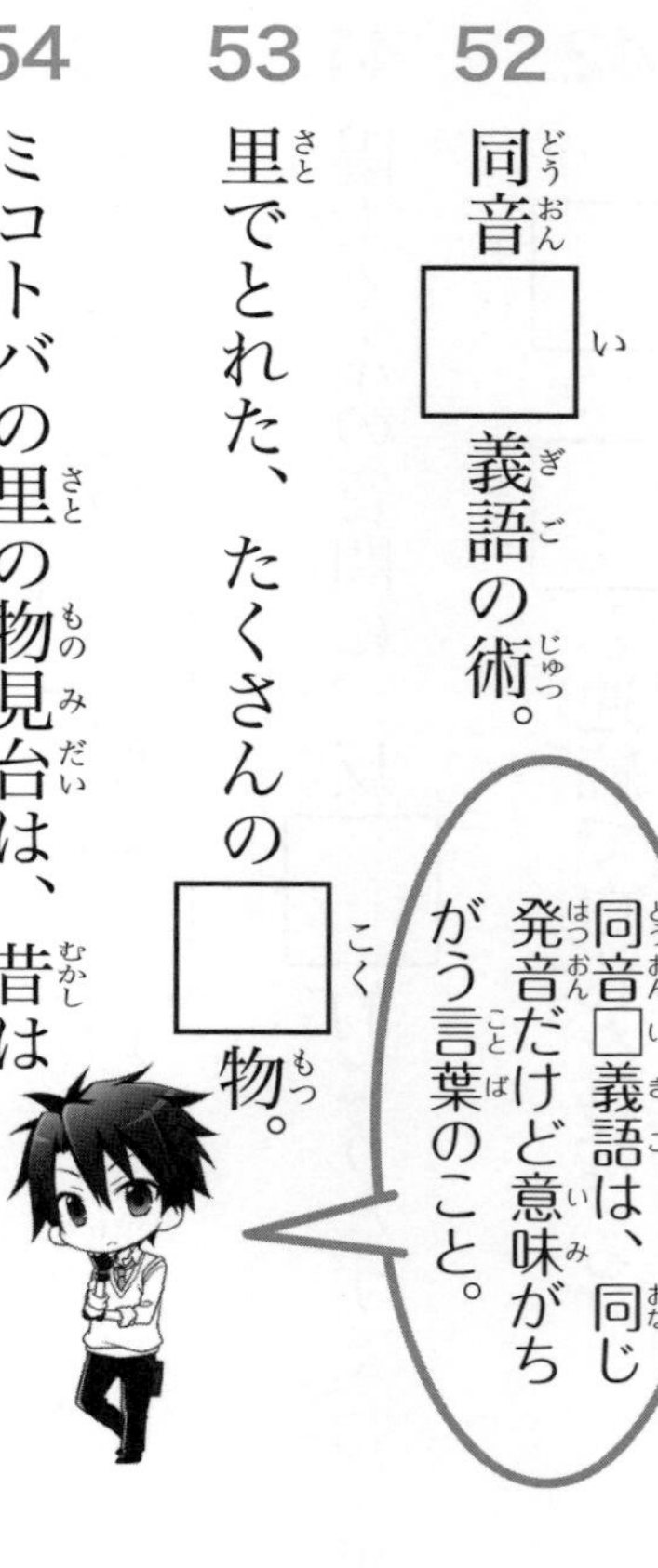

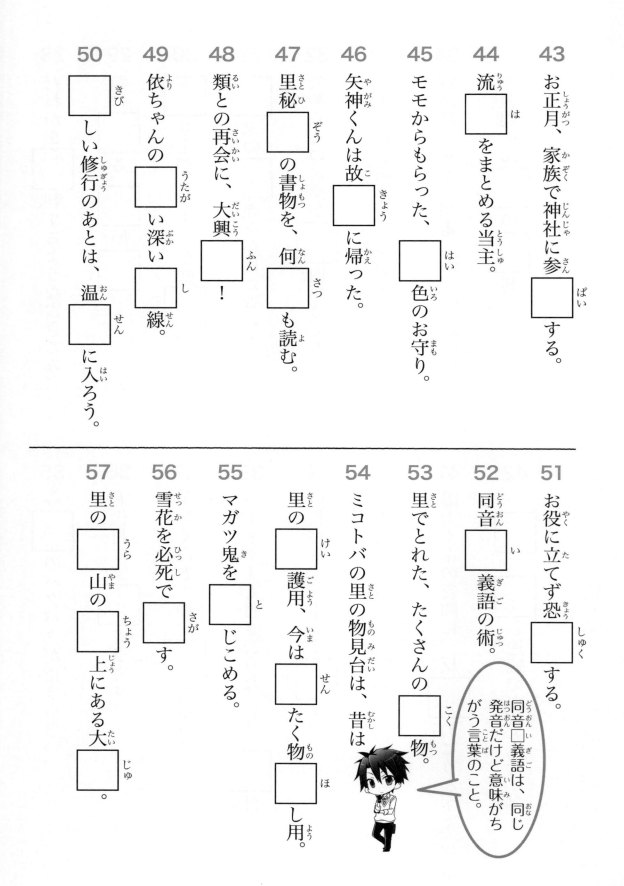

58 切《き》り□《かぶ》にすわって休《やす》む。

59 いつでも明《めい》□《ろう》快活《かいかつ》な陽太《ようた》くん。

60 好《す》きな人《ひと》にチョコレートをわたすなんて、□《こ》□《きゅう》□《こん》□《なん》もの〜！

61 雑《ざっ》□《し》に出《で》てくる□《はい》優《ゆう》みたいなイケメンが、□《わか》い守衛《しゅえい》として学校《がっこう》に□《きん》務《む》する。

62 ミコトバの術《じゅつ》でも対《たい》□《しょ》しきれない。

---

63 犬《いぬ》は□《せ》□《ぼね》のある動物《どうぶつ》だ。

64 類《るい》はみずきちゃんの元気《げんき》の□《みなもと》だ。

65 コクコクと首《くび》を□《たて》にふるモモとみずき。

66 矢神《やがみ》くんと□《し》近《きん》キョリで、ほっぺが□《こう》□《ちょう》する。

67 神《しん》□《せい》なお告《つ》げに□《したが》う。

68 「直毘千方《なおびちかた》」の□《そん》在《ざい》を今日《きょう》までかくす。

69 白《しろ》いケムリが□《ま》き起《お》こる。

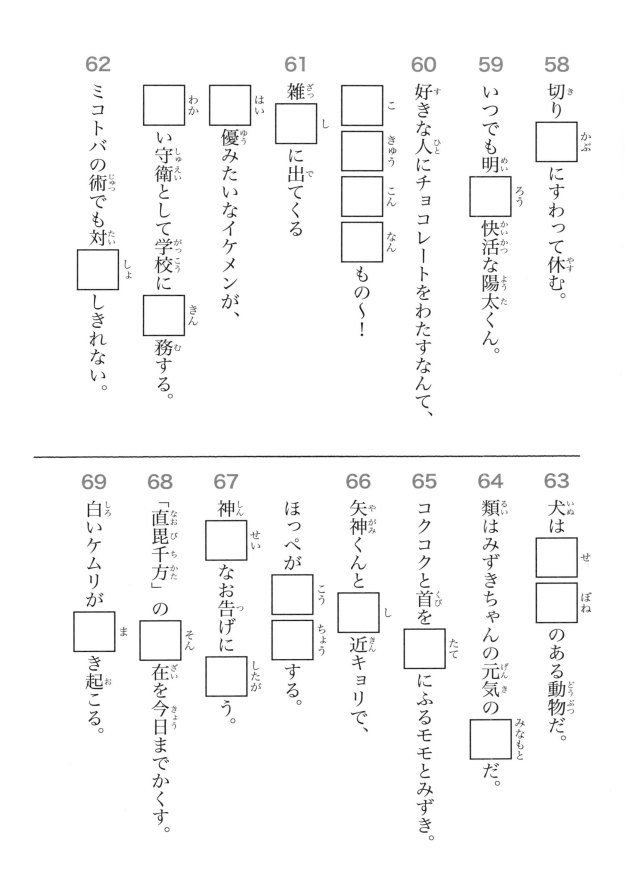

70 「ミコトバヅカイ□《しょ》君《くん》、人間《にんげん》なんて単《たん》□《じゅん》で、□《よく》深《ぶか》い生《い》き物《もの》だ。」

71 主《あるじ》さまのために、無《む》□《きず》でいる。

72 センパイのことを思《おも》うと□《むね》が□《いた》い。

73 深《しん》□《そう》心理《しんり》にうったえる。

74 千《ち》方《かた》センパイの妹《いもうと》は、□《おさな》い女《おんな》の子《こ》だ。

75 マガツ鬼《き》を指《し》□《き》し、□《さく》略《りゃく》をめぐらす。

76 「□《かいこ》」を「風《かぜ》」に、いみちぇん！

---

77 マガツ鬼《き》がめつ□《ぼう》するまで戦《たたか》う。

78 □《はげ》しかった戦《たたか》いの□《よく》日《じつ》。

79 □《はい》えん□《すん》前《ぜん》だったモモを□《かん》病《びょう》。

80 半《はん》紙《し》が□《つくえ》のまわりに散《さん》□《らん》する。

81 やさしいモモの意《い》識《しき》改《かい》□《かく》が必要《ひつよう》。

82 □《さ》□《とう》を使《つか》ったあまいおかし。

83 ハジメさんから□《ゆう》便《びん》が□《とど》く。

84 演《えん》□《げき》部《ぶ》の□《ふっ》□《きん》トレーニング。

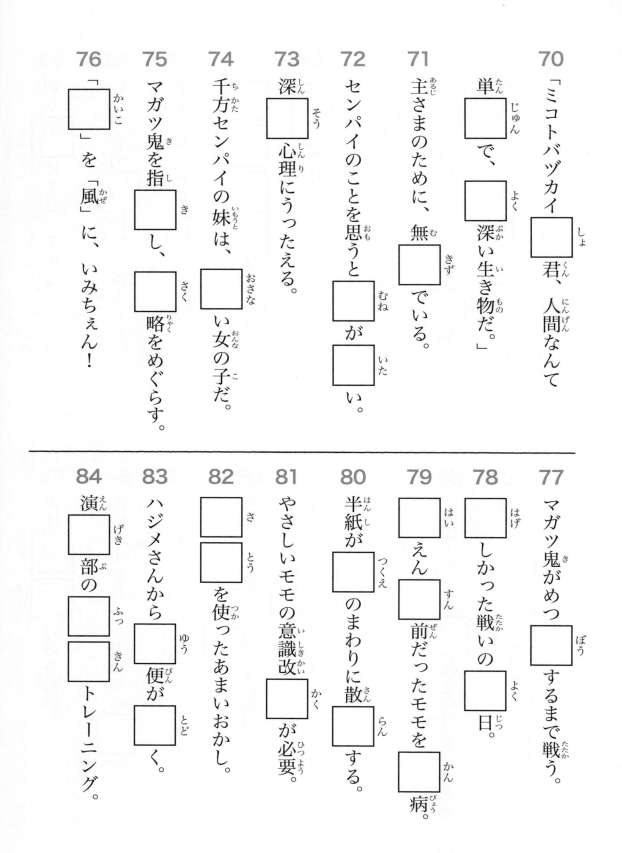

85 すい□《そう》楽部《がくぶ》とダンス部《ぶ》のコラボ。

86 薫《かおる》ちゃんの□《ほ》助役《じょやく》に最《さい》□《ぜん》をつくす。

87 おそい時《じ》□《こく》に部室《ぶしつ》を□《かた》づける。

88 □《う》□《ちゅう》一《いち》かっこいい矢神《やがみ》くん。

89 鉄《てっ》□《こう》業《ぎょう》について調《しら》べる。

90 矢神《やがみ》くんは意外《いがい》とあま□《とう》だ。

91 四宝《しほう》を□《せん》用《よう》のたなに□《おさ》める。

92 パーティーの会費《かいひ》を□《おさ》める。

「おさ（める）」は同訓異字《どうくんいじ》に
気《き》をつけてな。

93 ひふみ学園《がくえん》の□《そう》立記念日《りつきねんび》。

94 しっぽの□《た》れたうさぎが巣《す》□《あな》へ帰《かえ》る。

95 マガゴトが地《ち》□《いき》全体《ぜんたい》に□《かく》大《だい》する。

96 いつかパパとママに親《おや》□《こう》行《こう》したい。

97 弁護士《べんごし》になりたい朝子《あさこ》ちゃんは、今《いま》から□《けん》法《ぽう》や法《ほう》□《りつ》、□《さい》判《ばん》の勉強《べんきょう》をしている。

98 千方《ちかた》センパイの□《きぬ》のように白《しろ》いはだ。

99 自《じ》□《こ》中心的《ちゅうしんてき》な考《かんが》えは□《す》てよう。

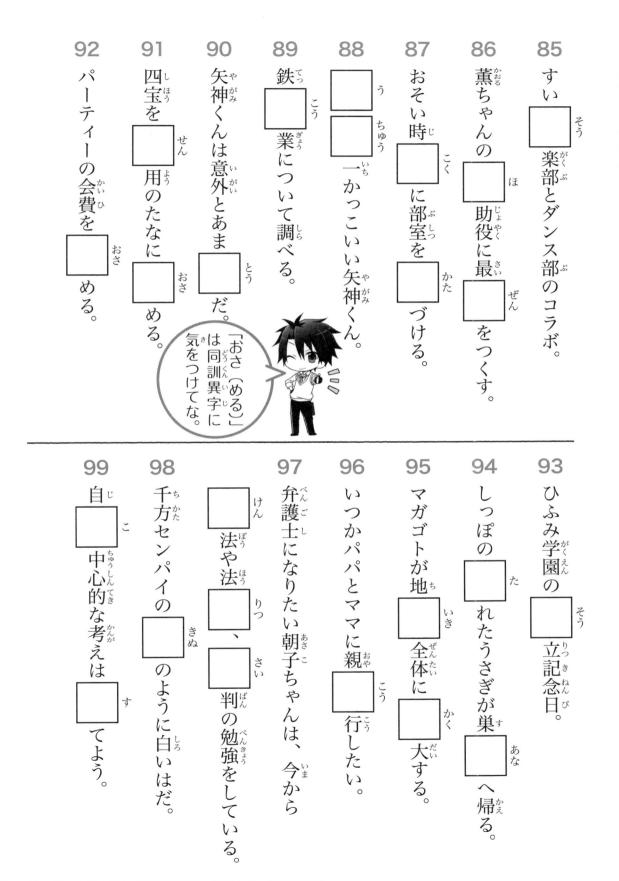

100 真言《しんごん》□《しゅう》を開《ひら》いた空海《くうかい》は、書道《しょどう》の名人《めいじん》。

101 長老《ちょうろう》が民《みん》□《しゅう》の前《まえ》で□《しゃく》八《はち》をひろうする。

102 内《ない》□《かく》総理大臣《そうりだいじん》が書類《しょるい》に□《しょ》名《めい》する。

103 天《てん》□《のう》□《こう》□《ごう》両《りょう》□《へい》下《か》。

104 観光《かんこう》□《ちょう》で通《つう》□《やく》の仕事《しごと》をする。

105 お役目《やくめ》をちかい合《あ》った□《めい》友《ゆう》たち。

106 国語《こくご》の授業《じゅぎょう》で□《かん》単《たん》な品《ひん》□《し》の勉強《べんきょう》。

107 書道《しょどう》の□《てん》□《らん》会《かい》で出会《であ》った史《ふみ》さん。

---

108 □《あたた》かい日《ひ》。矢神《やがみ》くんと海《うみ》□《ぞ》いを歩《ある》く。

109 バスの運《うん》□《ちん》をはらう。

110 歩《ある》きつかれて足《あし》が□《ぼう》になる。

111 次《つぎ》は世界《せかい》□《い》産《さん》のお城《しろ》が見《み》たいな。

112 陽太《ようた》くんの野球《やきゅう》の試合《しあい》が□《えん》長戦《ちょうせん》になる。

113 あっという間《ま》になみだも□《じょう》発《はつ》した。

114 経《けい》□《ざい》について書《か》かれた本《ほん》の□《ちょ》者《しゃ》。

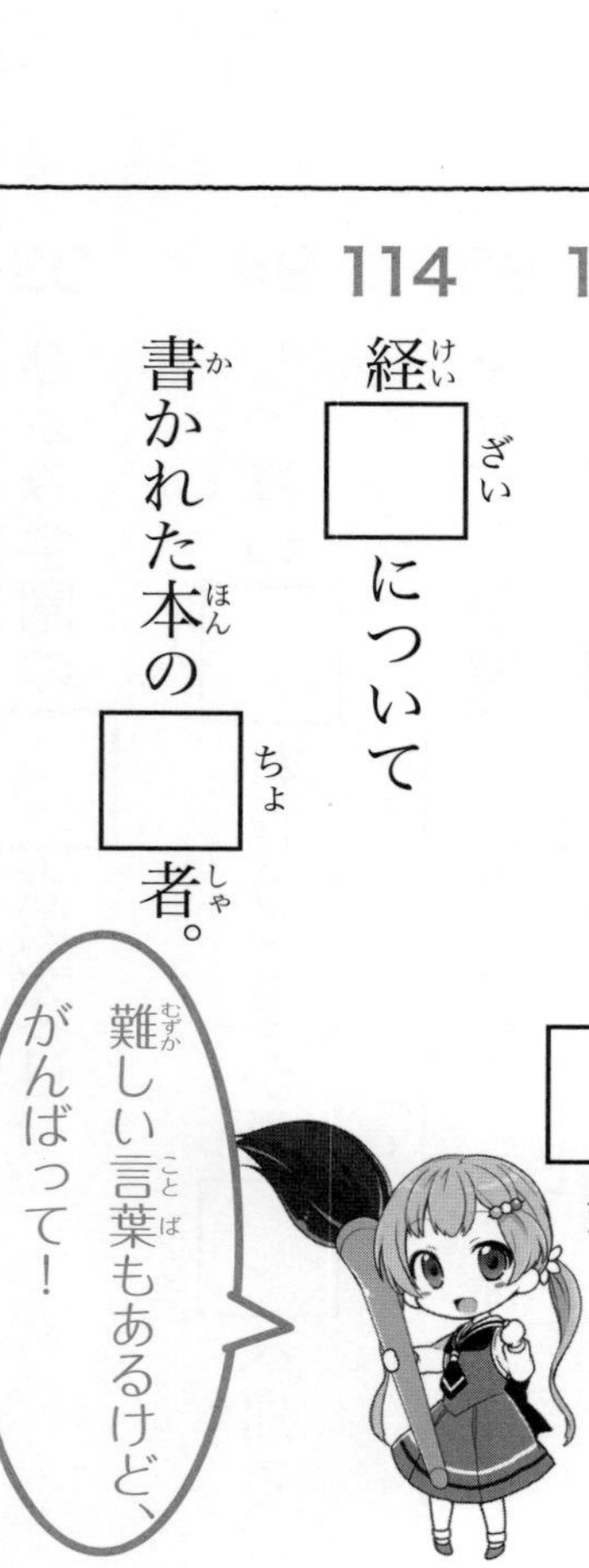
難《むずか》しい言葉《ことば》もあるけど、
がんばって！

115 食《た》べすぎで□《い》□《ちょう》がいたい。

116 矢神《やがみ》くんと協力《きょうりょく》して、マガツ鬼《き》を□《たい》治《じ》する。

117 漢字《かんじ》を書《か》きかえて□《てき》に勝《か》つ。

118 みずきちゃんと目《め》が合《あ》い、ペロリと□《した》を出《だ》す。

119 千方《ちかた》センパイの筆《ふで》を□《あず》かる。

120 ハジメさんは、モモの命《いのち》の□《おん》人《じん》。

121 ミコトバヅカイの伝《でん》□《しょう》。

---

122 映画《えいが》のチケットの半《はん》□《けん》を記念《きねん》にとっておく。

123 ついにハジメと同《おな》じ土《ど》□《ひょう》に上《あ》がる。

124 墨汁《ぼくじゅう》を買《か》ったとき、つり□《せん》をもらい忘《わす》れてしまった。

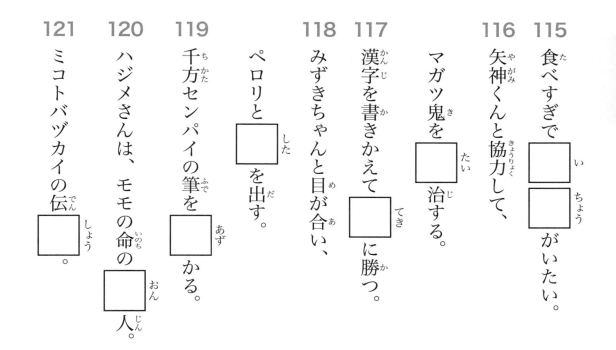

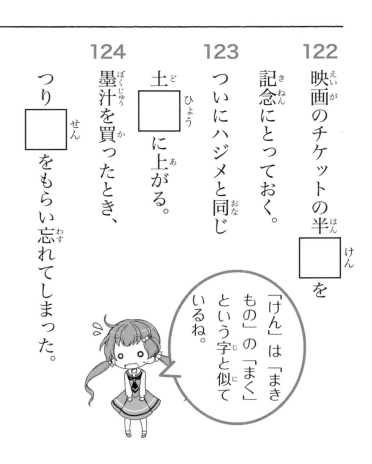

「けん」は「まきもの」の「まく」という字《じ》と似《に》ているね。

さがせ！

最《さい》高《こう》の パートナー

その5

みんなが習《なら》った漢字《かんじ》を
マガツ鬼《き》がバラバラにしちゃった！
私《わたし》にとっての矢神《やがみ》くんのように
それぞれの漢字《かんじ》の
パートナーを見《み》つけてね。

見	刂	口	身	垂
	阝	匈	ネ	月
頁	倉	寸	予	及

パートナーを
見《み》つけた漢字《かんじ》を
書《か》こう！

答《こた》えは127ページにあるよ

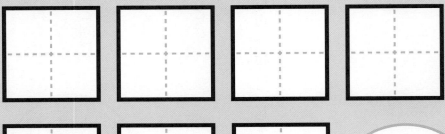

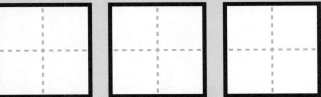

いみちぇん！修行《しゅぎょう》 その4

モモ！ミコトバヅカイとして
マガツ鬼《き》に負《ま》けないように、
いっしょに修行《しゅぎょう》をしよう。
まずはこの漢字《かんじ》から！　「著《ちょ》」！

みんなも私《わたし》といっしょに、漢字《かんじ》のパーツを変《か》えて、
別《べつ》の意味《いみ》の漢字《かんじ》にしてね。
漢字《かんじ》の読《よ》み方《かた》の一例《いちれい》をヒントに答《こた》えを導《みちび》き出《だ》してね。
最初《さいしょ》は私《わたし》がお手本《てほん》でいみちぇんするよ！

スタート！

著 → 蒸（ジョウ） → 熟

↓

①ネツ［　］（灬） → 勢 → ②キン［　］

↓

簡 → ③カク［　］ → 額

ゴール!!

くさかんむりだけ残《のこ》して…

次《つぎ》の文字《もじ》の中《なか》にヒントがあるよ

あとは自分《じぶん》でがんばって！

答《こた》えは127ページにあるよ

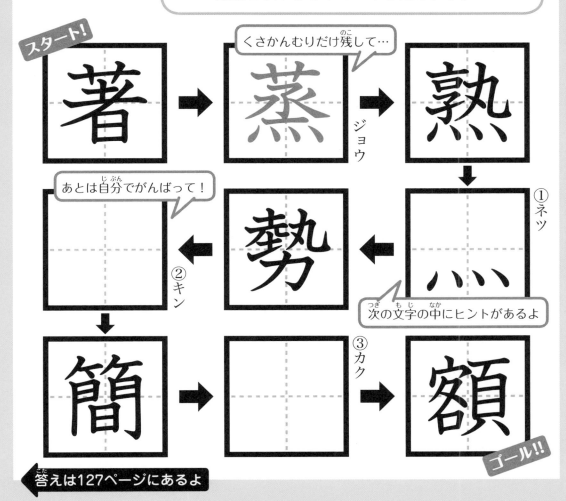

漢字《かんじ》テストの答《こた》え

P.16〜P.19

1 雨・文字
2 上
3 気
4 町
5 小学校一
6 目
7 口
8 赤
9 男
10 右・左
11 円
12 出
13 虫
14 二
15 大・六
16 五人
17 力
18 千・手
19 女・子
20 川
21 正
22 王
23 足音
24 月・見
25 三・四
26 山・村
27 草
28 先生
29 立
30 休
31 年
32 空・夕日
33 森・石・九十
34 犬
35 百
36 林
37 糸
38 木
39 土
40 下・名
41 本・七
42 耳
43 火花
44 貝
45 青白
46 車・中・入
47 水
48 竹
49 天
50 八
51 金
52 玉
53 田
54 早

P.30〜P.37

1 半紙・線・引
2 心・晴
3 通・園
4 鳥・形
5 門・外・鳴・聞
6 知
7 社
8 細
9 言
10 絵
11 海
12 読
13 公
14 姉・妹
15 麦
16 当地
17 番
18 会話
19 才
20 買
21 万
22 茶
23 東西南北・方角
24 色
25 計算高
26 何・考
27 歌・声
28 広・野原
29 兄弟
30 春
31 楽・秋
32 黄
33 組
34 父・母
35 午後・明
36 昼・食
37 冬・行
38 里・米・魚
39 星・夜
40 長・体・弱
41 刀
42 元
43 牛・肉
44 池・遠
45 黒・雲
46 自分
47 雪
48 首
49 台・丸・記
50 岩
51 新・切
52 馬・毛
53 交
54 多
55 数・数
56 止
57 図画工作
58 帰
59 朝・頭
60 毎
61 書道家
62 戸
63 前
64 顔・近
65 来週・曜
66 京
67 羽
68 市場
69 国語
70 電
71 太
72 教室
73 直
74 点
75 歩
76 親・内
77 少
78 合同・店・売
79 答用
80 走
81 汽
82 船
83 古・寺・弓矢
84 時間
85 活
86 谷
87 友・思・強
88 理科
89 夏
90 風
91 光
92 今回

P.49〜P.58

1 平
2 勉
3 筆箱
4 期・始
5 代・役
6 級委員
7 実・県
8 洋服
9 昔・主
10 世界
11 陽・君
12 住
13 漢・研究
14 化祭・決定

15 登
16 軽・持
17 油
18 倍・倍
19 畑・育・農
20 酒
21 所
22 階
23 向・感
24 悲
25 血
26 反転
27 庭・植
28 炭
29 消・鉄
30 命・死
31 両
32 横・意味
33 鼻
34 悪・次・追
35 病院・医者
36 薬・飲
37 具・温・幸
38 様・仕
39 暑
40 放・商品
41 取
42 球
43 銀
44 配・安
45 他
46 申
47 式
48 進路
49 列
50 屋・着
51 遊
52 乗
53 投・返
54 旅館
55 神・事・起
56 流・葉・板
57 坂
58 度
59 笛
60 対・勝
61 負・集
62 落・橋・歯
63 助
64 氷
65 豆
66 都
67 全部
68 使
69 根・波
70 帳
71 駅・央・待
72 急・練習
73 相談
74 短
75 写真
76 寒・暗
77 守
78 問
79 宿題
80 速
81 柱・息
82 美・羊
83 庫
84 受
85 皮
86 指
87 終
88 礼・皿
89 開
90 童
91 湯・注
92 第・号
93 荷物
94 秒
95 等
96 島・身
97 深・緑
98 運動・係
99 送
100 重・由
101 族・予想
102 局
103 去
104 打
105 整・業
106 区
107 州
108 宮・福
109 客
110 泳
111 湖・面
112 岸
113 港
114 曲
115 拾
116 発表・苦
117 章
118 昭和
119 丁・調
120 有・詩

P.71〜P.80

1 愛・辞典
2 変
3 伝
4 材料
5 類
6 芸
7 冷静
8 笑
9 札・散
10 清
11 初
12 失敗
13 試
14 衣
15 管
16 仲良
17 以・関
18 街灯・然
19 浅
20 課
21 印刷
22 飯
23 茨
24 景
25 機械
26 共
27 群
28 老・孫
29 松・梅
30 埼
31 差
32 案
33 香
34 働
35 改・必要
36 法・説
37 兵器
38 媛・岡
39 司
40 岐阜
41 単
42 的
43 奈・鹿・飛
44 熊・城
45 功労
46 児
47 固・完成
48 覚
49 徒
50 達・唱
51 希望
52 順
53 結末
54 未
55 極
56 量・積・倉
57 周
58 梨・残念
59 包
60 卒
61 井
62 低
63 昨・英
64 録
65 挙
66 滋・最
67 省
68 佐賀・熱
69 治・栄養
70 観察
71 別・季節
72 祝
73 沖縄
74 験参加
75 協・戦

76 焼
77 令
78 求
79 欠席
80 旗
81 泣・鏡
82 折・信
83 位置
84 徳
85 選・競
86 勇・隊
87 好
88 約束
89 兆
90 径・照
91 栃
92 各・給
93 底
94 塩・付
95 菜
96 崎
97 浴・借
98 輪

99 臣
100 貨
101 果
102 帯・便利
103 不・不満
104 夫
105 議
106 富
107 建
108 害・無害
109 芽
110 願
111 努・標
112 副・票
113 郡
114 例
115 側
116 産
117 牧
118 連続・特訓
119 民
120 候・種
121 巣

122 氏
123 辺・漁
124 潟
125 官
126 億
127 博
128 陸
129 健康
130 阪・府
131 軍
132 争

P.93 〜 P.101

1 団
2 飼
3 勢・基
4 領・永
5 支・師
6 毒
7 祖
8 素質
9 防衛
10 快

11 適
12 規則
13 精・統
14 招・準備
15 河
16 久
17 個性
18 製造
19 義
20 測
21 救
22 幹
23 築・財
24 士・災
25 構
26 暴・囲
27 貧
28 謝罪・述
29 許
30 営
31 航・経
32 液
33 導

34 脈
35 増
36 絶句
37 保護
38 居
39 武
40 務
41 犯・報
42 術・破
43 総・妻
44 略
45 往復
46 状態・検査
47 評判・示
48 限・版
49 銅像
50 均
51 提・賛
52 効率
53 歴史
54 講堂・移
55 容易
56 旧・舎・現

57 象
58 賞
59 慣
60 布
61 制
62 夢
63 価格
64 寄
65 停
66 過程・序
67 因
68 婦
69 非
70 喜
71 常
72 貯
73 留
74 複雑・情
75 条件
76 属
77 似
78 逆

79 演
80 粉
81 張
82 潔
83 独
84 混・貸
85 興
86 禁
87 比
88 責任
89 厚・資
90 紀
91 修
92 弁
93 費
94 余
95 接
96 応
97 豊・識
98 職
99 織
100 桜
101 肥・耕

102 圧
103 型・証
104 績
105 編
106 断
107 枝
108 技・得
109 仮
110 損
111 際
112 減
113 益
114 採
115 眼
116 設
117 燃
118 故
119 刊・額
120 在・再確
121 墓・仏
122 殺
123 酸
124 授

125 解
126 志・政
127 税
128 貿・綿・輸
129 告
130 鉱
131 境
132 可能
133 険・迷

P.113〜P.121

1 系
2 暮
3 座
4 秘密
5 将
6 宝
7 誠・誠
8 尊敬・忠
9 忘・誕
10 危
11 宅・訪
12 貴
13 値段
14 担
15 乳・窓
16 並
17 否
18 降・我
19 卵
20 認
21 臨・割・割
22 晩・就
23 供
24 班
25 優・宣
26 装・磁針
27 操
28 批
29 映・私・姿
30 盛・討
31 幕・仁
32 脳
33 模
34 除・権
35 臓
36 障
37 誤
38 論
39 染
40 熟・推
41 射
42 枚・枚
43 拝
44 派
45 灰
46 郷
47 蔵・冊
48 奮
49 疑・視
50 厳・泉
51 縮
52 異
53 穀
54 警・洗・干
55 閉
56 探
57 裏・頂・樹
58 株
59 朗
60 呼吸困難
61 誌・俳・若・勤
62 処
63 背骨
64 源
65 縦
66 至・紅潮
67 聖・従
68 存
69 巻
70 諸・純・欲
71 傷
72 胸・痛
73 層
74 幼
75 揮・策
76 蚕
77 亡
78 激・翌
79 肺・寸・看
80 机・乱
81 革
82 砂糖
83 郵・届
84 劇・腹筋
85 奏
86 補・善
87 刻・片
88 宇宙
89 鋼
90 党
91 専・収
92 納
93 創
94 垂・穴
95 域・拡
96 孝
97 憲・律・裁
98 絹
99 己・捨
100 宗
101 衆・尺
102 閣・署
103 皇・皇后・陛
104 庁・訳
105 盟
106 簡・詞
107 展覧
108 暖・沿
109 賃
110 棒
111 遺
112 延
113 蒸
114 済・著
115 胃腸
116 退
117 敵
118 舌
119 預
120 恩
121 承
122 券
123 俵
124 銭

さがせ！最高のパートナーの答え

P.20
空・村・男・花・町（順不同）

P.38
雪・社・思・明・顔・数・遠（順不同）

P.59
開・陽・助・究・起・待・薬（順不同）

P.81
輪・札・固・印・関・刷・給（順不同）

P.122
創・吸・射・視・胸・預・郵（順不同）

いみちぇん！修行の答え

P.60
①板 ②返 ③追

P.82
①課 ②訓 ③類

P.102
①織 ②謝 ③構

P.123
①熱 ②筋 ③閣

あさばみゆき

3月27日生まれのB型。横浜市在住。2013年に第12回角川ビーンズ小説大賞奨励賞を受賞。14年、第2回角川つばさ文庫小説賞一般部門金賞を受賞。著作に「いみちぇん！」シリーズ、「星にねがいを！」シリーズ、「サバイバー!!」シリーズ（すべて角川つばさ文庫）、「歴史ゴーストバスターズ」シリーズ（ポプラキミノベル）ほか、角川文庫や角川ビーンズ文庫など児童文庫以外にも著作あり。2023年に「いみちぇん！」シリーズの最新作である『いみちぇん！！ふたたび、ひみつの二人組』（KADOKAWA）を刊行。

市井《いちい》あさ

児童書を中心に活動するイラストレーター。イラストを担当した作品に、「天才作家スズ」シリーズ、「いみちぇん！」シリーズ（ともに角川つばさ文庫）などがある。

Staff
ブックデザイン／長谷川有香（ムシカゴグラフィクス）
校正／一梓堂
編集協力／有限会社マイプラン
DTP／ニッタプリントサービス

改訂版《かいていばん》　「いみちぇん！」式《しき》
小学校《しょうがっこう》で習《なら》う漢字《かんじ》1026文字《もじ》攻略《こうりゃく》ドリル
2023年12月8日　初版発行

文／あさば みゆき　絵／市井《いちい》 あさ
発行者／山下 直久
発行／株式会社KADOKAWA
〒102-8177　東京都千代田区富士見2-13-3
電話　0570-002-301(ナビダイヤル)

印刷所／図書印刷株式会社
製本所／図書印刷株式会社

●お問い合わせ
https://www.kadokawa.co.jp/(「お問い合わせ」へお進みください)
※内容によっては、お答えできない場合があります。
※サポートは日本国内のみとさせていただきます。
※Japanese text only

定価はカバーに表示してあります。

ISBN 978-4-04-606614-5　C6081